Cristóbal de Castillejo

# Aula de cortesanos

Barcelona **2024**
**Linkgua-ediciones.com**

## Créditos

Título original: Aula de cortesanos.

© 2024, Red ediciones S.L.

e-mail: info@linkgua.com

Diseño de cubierta: Michel Mallard

ISBN rústica: 978-84-9816-803-7.
ISBN ebook: 978-84-9897-126-2.

# Sumario

## Brevísima presentación

### La vida

Cristóbal de Castillejo (Ciudad Rodrigo, 1490-Viena, 1550). España.

Nació en Ciudad Rodrigo hacia 1492. Fue monje en el convento de San Martín de Valdeiglesias, y lo abandonó para ejercer el cargo de secretario del hermano del Emperador Carlos V, don Fernando, que era rey de Bohemia. Vivió una vida bastante disoluta, de amores y gastos que agotaron todos los beneficios y prebendas que sus cargos le proporcionaban. Se enamoró de una joven dama alemana, Ana de Schaumburgo, quien lo dejó por un noble bohemio. Desilusionado y arruinado, se retiró y murió en un convento en Viena.

Castillejo se enfrentó a las influencias italianas que por entonces eran dominantes en España. Su poesía se mantuvo dentro de las formas tradicionales castellanas.

### Las ambiciones cortesanas

Esta obra es un diálogo entre dos personajes:

Lucrecio, un joven ávido de dinero, lucro y ganancia que cree poder satisfacer sus ambiciones en la vida cortesana; y

Prudencio, un hombre sabio y desengañado de esa vida.

## Interlocutores: Lucrecio y Prudencio

Dedicatoria

Al doctor Carnicer

Muy noble y magnífico señor: Días ha que v. m. me encomendó escribiese por amor suyo en, metro castellano alguna cosa de la vida y miserias de palacio, a ejemplo de algunos que en latín han hecho lo mismo; como fue Eneas Silvio y Enriquo Huteno, alemán, y otros, por ventura, que yo no sé.

V. m., cuanto a lo primero, perdono la tardanza que ha habido en el cumplimiento de su mandado porque allende de otros mis cuidados, ocupaciones y aun dolencias ordinarias, el poco ingenio y gracia que siendo mancebo tuve para semejantes y para otras, no lo siento con la vejez menos enflaquecido y menoscabado que las otras fuerzas corporales; porque, en fin, todas las cosas en este mundo tienen su razón, la cual pasada o no venida, es manifiesta la falta que padecen. Y conociendo yo ésta en mí, y aun confesándola, tengo intención de dar licencia a la pluma y echarme en la baraja de aquí adelante en caso de trovas, pidiendo perdón agora de la poca gracia y valor desta presente; la cual, pues ha sido hecha por vuestro mandado y servicio, a quien yo tan grande y devota obligación tengo, v. m. la defienda y se ponga a la culpa, excusando la mía, no solamente cuanto a la desgracia en la obra, mas aun cuanto al estilo que no dudo será notado de bajo y poco grave; lo cual yo, a la verdad, en semejantes obras prolijas, en parte hago de industria, a fin que se lean con menos enhado. Pues aun con toda su bajeza y facilidad, no suelen carecer dél, cuanto más si se escribiesen en otro estilo mayor, que, por perfecto que sea, no deja a ratos de enhadar y empalagar los lectores, presupuesto que las trovas castellanas no son aun de tanto crédito y autoridad en caso de veras, que puedan ponerse en la mesa por manjar principal, sino por fruta. Yo, señor, he hecho en esto del Aula lo que he sabido, invita Minerva; v. m. y los demás que la leyeren reciban la voluntad a troque del trabajo que me cuesta; que aun esto me alcanzó por ser hombre de palacio. Dios saque a v. m. dél con la libertad y prosperidad que desea. De Praga a cuatro de setiembre. 1547

## Capítulo I

Lucrecio  No sé qué camino halle
para tener de comer,
y conviéneme buscalle,
por que al fin es menester,
pese a tal;                                   5
que veo que cada cual
pone todo su cuidado
por ser rico y, principal,
y no vivir afrontado
con pobreza;                                 10
lo cual, aunque no es vileza,
según el dicho vulgar,
eslo en fin si por pereza
deja el hombre de llegar
a ser algo.                                  15
Yo, pobre gentil hidalgo,
de bienes desguarnecido,
si por mí mismo no valgo,
siempre viviré corrido
sin reposo;                                  20
y al mancebo virtuoso,
obligado a más valer,
para vivir deseoso,
más le valiera no ser
entre gentes.                                25
Pues confiar de parientes
el que no tiene de suyo,
más cerca tiene sus dientes,
y es, gran cosa, ave de tuyo.
No hay hermano                               30
ni pariente tan cercano,
ni amigo tan de verdad,

como el dinero en la mano
en cualquier necesidad.
Cualquier cosa,                                        35
fácil o dificultosa,
se alcanza con el dinero,
y se nos muestra graciosa
donde él va por mensajero
del deseo.                                             40
No hay tan despierto correo,
ni cosa que haber se pueda,
que no venga de boleo
a cumplirse do hay moneda,
sin que pene                                           45
por ella aquel a quien viene,
mas el pobre pena y muere,
porque quien dineros tiene,
dicen hace lo que quiere.
Y así va                                               50
el mundo, do nunca habrá
en este caso mudanza;
que nadie vale más ya
de cuanto tiene y alcanza,
como vemos                                             55
en mil ruines que sabemos
presumir de caballeros,
de quien gran caso hacemos
por solo tener dineros
y poder,                                               60
y otros que, por carecer
destes bienes temporales,
nadie los echa de ver
siendo nobles y leales;
de manera                                              65
que me esfuerza, aunque no quiera,

por no dormir en las pajas,
buscar camino o carrera
de mejorar mis alhajas.
Y salir                                         70
por el mundo a descubrir,
sin volver la cara atrás,
algún modo de vivir
para venir a ser más.
Mas primero,                                    75
según hace el marinero
cuando sale de arrancada,
es de ver adónde quiero
enderezar mi jornada,
y mirar                                         80
desde luego a encaminar
la nave a seguros puertos,
pues dicen que al enhornar
se hacen les panes tuertos;
que después                                     85
que el barco da de través
la enmienda suele ser dura;
y así el bien, acertar es
do consiste la ventura.
Yo, mancebo,                                    90
si agora que el tiempo nuevo
d'escoger me da lugar,
no lo acierto como debo,
siempre tendré qué llorar.
Ocho estados                                    95
suelen ser los más usados
del vivir entre los buenos;
los cuales, aquí notados,
escogeré por lo menos
uno honroso,                                    100

a vueltas de provechoso,
sin lo cual no hay nada hecho;
caso que es dificultuoso
juntar honra con provecho.
Oficial                                         105
no me parece muy mal
si en nobles no fuese vicio;
que aunque es sucio el delantal
quien ha oficio ha beneficio;
y es seguro                                     110
como hacienda de juro
do quier que el hombre se vea;
mas la honra que procuro
lo excluye por cosa fea.
Mercader                                        115
es cosa a mi parecer
también de harta ganancia,
y que lo puede bien ser
el que tuviere sustancia
para ello;                                      120
y así, yo no puedo sello
ni aún de agujas y albaquías,
si de orejas y cabello
no hago mercaderías.
Mas no sé,                                      125
si ya que tuviese qué
vender y sacar en tienda,
a mi verdad y a mi fe
pornía en tanta contienda
de conciencia;                                  130
cuanto más, que aquella ciencia,
ya que traiga utilidad,
tiene a vueltas penitencia
y poca seguridad,

y el sentido                                135
vigilante, embebecido,
con recato y con aviso
en mil partes repartido,
y muy poco en paraíso.
Pues letrado,                               140
para vivir de abogado,
o médico principal,
que demás de ser honrado,
es oficio interesal,
bien vernía;                                145
mas no fue la suerte mía
que yo letras aprendiese,
ni que con tal granjería
mi necesidad pudiese
proveer.                                    150
Lejos van de mi saber
las leyes y medicina,
salvo escribir y leer
y mi latín de cocina;
pero, dado                                  155
que las hubiera estudiado,
no sé cómo usara dellas;
porque pienso haber pecado
en la forma de vendellas
a la gente,                                 160
por ser de otras diferente
el uso destas dos artes,
vendiéndose comúnmente
al antojo de las partes,
sin tasar                                   165
lo que merecen ganar;
y así se halla cirujano
qu'es peor en desollar

que Falaris el tirano.
El estado                                    170
de la guerra y ser soldado
como muchos buenos son,
es cosa también que ha dado
a muchos reputación
y dineros;                                   175
señores y caballeros,
personas de presunción,
se precian de ser guerreros,
y son desta profesión
generosa;                                    180
mas veo que es una cosa
en que andan de pasada
la vida muy peligrosa
y la honra delicada,
todo en vano;                                185
cuyo vivir inhumano
nunca bien me pareció,
porqu'es un pueblo profano,
que hoy somos, mañana no,
y a porfía.                                  190
De la Iglesia no sería
mal librado mi partido,
si de cualquier calongía,
pudiese ser proveído,
según veo                                    195
que lo son a su deseo
otros de menos valor,
que con pompa y con arreo
pasan la vida a sabor,
sin cuidado,                                 200
quedándoles reservado
su derecho so la capa

de subir de grado en grado
hasta llegar a ser papa
cualquier prete;
mas no se inclina ni mete
a serlo mi devoción,
porque loba ni bonete
no son de mi condición,
ni me oso                                    205
tampoco a ser religioso
inclinar, bien que podría
si en ello fuese dichoso
de alcanzar un abadía;
más es larga                                 210
la esperanza y muy amarga
aquella forma de vida,
y aun para algunos es carga
muy pesada y desabrida,
y el reposo,                                 215
que por defuera es sabroso
y convida a tal vivienda,
dentro diz que es achacoso
y mezclado de contienda,
que le atierra.                              220
Pues quien no huelga de guerra,
ni de oilla ni de vella,
fresco estará si se encierra
do siempre viva con ella
trabajado;                                   230
después de todo probado
cuanto el mundo puede dar,
y de ello desesperado,
esto no podría faltar.
Y así quiero                                 235
darme como hombre granjero

al campo y a la labor.
Y a tornarme de escudero,
rico, honrado labrador,
no haría                                        240
yerro, pues por esta vía
los padres del Testamento
gozaron con alegría
de grandes bienes sin cuento,
verdaderos.                                     245
Pues acá en los ganaderos
del Consejo de la Mesta,
de montones de dineros
no se hace mucha fiesta
ni caudal;                                      250
mas hay en el bien un mal,
que aunque yo quiera hacer
lo mismo, no hay un real
con que por obra poner
tal afán,                                       255
pues no alcango un solo pan,
casa ni tierra ni viña,
y como dice el refrán,
ni una haca en la campiña
que labrar.                                     260
Así que, cumple pensar
en otra suerte de cosa
de que yo me pueda honrar
y me sea provechosa;
y no veo,                                        265
para cumplir mi deseo,
pensando en ello despacio,
sin andar por más rodeo,
sino acogerme a palacio
de algún rey                                     270

o príncipe de mi ley,
gran señor o gran perlado,
sometiendo como el buey
mi cabeza a su mandado
por medrar,                                                    275
y en algún tiempo llegar
a ser lo que otros han sido,
pues hay muchos que notar,
que por servir han subido,
dios mediante                                                  280
y su industria vigilante,
a ser grandes de pequeños,
y algunos tan adelante,
que son dueños de sus dueños
y señores,                                                     285
con privanzas y favores
más que yo puedo decir,
y más riquezas y honores
que ellos pudieron pedir
ni querer.                                                     290
Ya, pues, podrá suceder,
si mi ventura lo guía,
que yo también llegue a ser
uno destos algún día;
y así, inclino                                                 295
a tomar este camino
mi voluntad sin más ocio,
caso que no determino
la ejecución del negocio
hasta ver                                                      300
cerca della el parecer
de Prudencio, mi pariente,
que con su mucho saber
dirá en ello lo que siente

claro y llano, 305
y como fiel hombre anciano,
me hablará sin engaños,
cuanto más qu'es cortesano
de cuarenta y tantos años;
y no siento 310
a quien con más fundamento
comunique que a este viejo,
para que mi pensamiento
quede con su buen consejo
descansado. 315
A la puerta está asentado,
y es ya después de comer.
Tomarlo he regocijado;
parlaremos a placer.

## Capítulo II

| Prudencio | ¿Dónde bueno por acá? | 320 |
| | ¿Cómo va, señor sobrino? | |
| | | |
| Lucrecio | Bien, señor Prudencio, va | |
| | a ratos, y mal contino. | |
| | | |
| Prudencio | ¿Cómo así? | |
| | | |
| Lucrecio | Porque, aunque me veis aquí | 325 |
| | sano y bueno al parecer, | |
| | no alcanzo un maravedí, | |
| | ni sé de dónde lo haber. | |
| | | |
| Prudencio | Con salud, | |
| | que tenéis y joventud, | 330 |
| | no hay riqueza que se iguale, | |
| | | |
| Lucrecio | Es verdad mas la virtud | |
| | sin hacienda poco vale; | |
| | por lo cual, | |
| | como a deudo principal, | 335 |
| | vengo a daros, señor, | |
| | de mi bien y de mi mal, | |
| | para atajar el afrenta | |
| | con que vivo; | |
| | que visto que la recibo | 340 |
| | en lo poco que aquí gano, | |
| | he tomado por motivo | |
| | de hacerme cortesano | |
| | y servir | |
| | en palacio, por subir | 345 |
| | a ser mejor algún día; | |

lo cual pienso conseguir
presto por aquella vía,
qu'es honrosa;
mas, porque cualquiera cosa          350
que ha de ser bien acertada
se hace más ventajosa
con buen consejo guiada,
y son raros
los buenos consejos claros,          355
quiero en esta mi ocurrencia
señor Prudencio, rogaros
que con la mucha prudencia
que tenéis,
por el bien que me queréis          360
y gran virtud que en vos cabe,
vuestro parecer me deis,
como aquel que bien lo sabe.

Prudencio          Yo, Lucrecio,
bien puedo pecar de necio,          365
como otros muchos lo son,
mas, a lo menos, me precio
de verdad y de razón,
y estas dos,
cuanto al mundo y cuanto a Dios,          370
allende de lo que os quiero,
me obligan a ser con vos
fiel, leal y verdadero.
Claro veo
dispuesto vuestro deseo          375
a la vida de palacio,
y cosa tan de rodeo
cumple tomarla de espacio
y vagar

para podello tratar;       380
y pues hay bien que hacer,
debeisos aquí asentar,
que bien será menester
y'os prometo;
y decidme aquí en secreto       385
qu'es la causa y fundamento
de aqueste vuestro conceto,
voluntad y pensamiento
cortesano;
porque suelo el seso humano       390
a veces en escoger
errarse, y salir en vano
lo que piensa que ha de ser
provechoso,
y lo de lejos hermoso       395
tener de cerca otra vista,
y engañarse en lo dudoso
muchas veces por la listo
y opinión.

Lucrecio       Tenéis, Prudencio, razón,       400
y os confieso ser así;
pero desta mi intención
yo os diré la causa aquí
brevemente;
y es que veo mucha gente       405
en palacio que de chicos
llegan sin inconviniente
a ser muy grandes y ricos
y dichosos,
y los veo andar pomposos,       410
ufanos y bien vestidos
honrados y poderosos,

privados y favoridos
y contentos,
sin temer los movimientos                          415
de la mar ni de la, tierra,
ni los acontecimientos
y peligros de la guerra
trabajosa;
y qu'es la corte una cosa                          420
alegre, regocijada,
de provechos abundosa,
y a vueltas dellos honrada,
y a mi ver,
aunque dicen on no caber                           425
en un saco honra y provecho,
en palacio a su placer
duermen ambos en un lecho;
y he pensado
que yo, que soy inclinado                          430
al provecho con honor,
no podré en otro estado
vivir más a mi sabor.

Prudencio          Bien me agrada
esa cuenta, y bien fundada                         435
va también vuestra esperanza,
si de Dios está ordenada
vuestra dicha y bienandanza
sin afán,
según el dicho o refrán                            440
que dicen: «Todo es ventura,
comer en palacio pan
a sabor y con hartura».
Y iojalá,
señor Lucrecio, pues ya                            445

ser cortesano queréis,
os vaya tan bien allá
como vos lo merecéis
y acordáis!
y que a la corte do vais                    450
sea Dios el que os conduce,
aunque no es como pensáis,
todo oro lo que reluce,
ni es igual
a todos en general                          455
en palacio la fortuna;
que a unos es parcial,
y a otros brava, importuna;
a unos da muy por tasa
los bienes bien merecidos,                  460
con otros excede y pasa
de los límites debidos
de favor.
Y porque entendáis mejor
lo que de la corte pienso                    465
y he visto por mi dolor,
tomemos más por extenso
la materia.
Vos pensad que es una feria
la corte de trafagantes,                     470
donde unos pasan miseria
y, otros viven triunfantes,
abastados;
pero bien examinados
los de más y los de menos,                   475
todos andan de cuidados,
congojas y ruinas llenos,
no bastante
bien ninguno, aunque abundante,

a que no pene por más,                         480
y por pasar adelante
o por no volver atrás,
y crecer;
pero el más o menos ser
no salva sus coracones                         485
de envidias y mal querer
y despechos y pasiones.
Las riquezas,
bienes, mandos y grandezas
que alegáis y encarecéis,                       490
mezclados van de gravezas,
que vos, Lucrecio, no veis;
de las cuales
resultan trabajos tales,
que a las veces es mejor                        495
la cama de cabezales
en que duerme el labrador
muy sin pena;
y así, nuestro Juan de Mena
cuenta por vida segura                          500
la mansa pobreza, ajena
de los tragos de amargura
cortesanos,
adonde los más cercano
del favor que los convida                       505
andan más ciegos y vanos
y más lejos de la vida
descansada,
en la cual es todo nada
si le falta libertad,                           510
y ha de andar siempre colgada
de la ajena voluntad,
como el buey

del arado, tras la ley
del dueño que lo posee;                    515
y así, aquel dicen ser rey
el que al Rey jamás no ve,
ni por ello
se mata fasta temello,
obedeciendo sus fueros,                    520
pues cualquiera puede sello
en torno de sus pucheros
y hogar,
del cual es dicho vulgar:
«Cien doblas dice que vale,                525
y no hay más que desear,
si de compás no se sale.»
Ser merino,
como dicen, de un molino,
de sabios es aprobado;                     530
pero no lo es ir contino
tras los reyes afanado
locamente.
Cuatro suertes hay de gente
a quien esta profesión                     535
de palacio se consiente
por diferente razón:
los primeros
son nobles y caballeros,
y otros mancebos de corte,                 540
que allí gastan sus dineros
por su placer y deporte,
por hallar
conversación y lugar
conforme a sus ejercicios,                 545
con libertad de gozar
de sus virtudes y oficios

y deseos,
galas y trajes y arreos,
danzas, juegos y primores,                            550
fiestas, justas y torneos,
y regocijos de amores,
en que emplean
sus tiempos, y se pasean
por las cortes muy pulidos,                           555
y las adornan y arrean
como al cuerpo los vestidos
y es honor,
cuanto al lustre exterior,
en la corte el tal oficio,                            560
de que el Rey o gran señor
recibe mucho servicio,
como estado
en ella bien empleado
durante la mocedad,                                   565
y la pasa sin enfado
la nueva gentil edad
mientras dura.
Otros hay que la ventura,
como madrastra enemiga,                               570
les dio en corte sepultura
con pobreza y con fatiga
perdurable;
cuya suerte miserable,
desque los mete en miseria,                           575
nunca les es favorable
para salir de laceria,
ni poder
llegar jamás a tener
más de lo que el primer día,                          580
ni para se retraer

tampoco de su porfía
cortesana;
y de la esperanza vana
inducidos y engañados,                          585
do pensaron sacar lana
se hallaron trasquilados,
sin ser más;
y saliendo de compás
ya su edad con lo esperado,                      590
no pueden volver atrás,
y quedan mate ahogado,
como el pece,
que en el agua al fin perece;
según el refrán lo quiere,                       595
el que en palacio envejece,
en pesar dicen que muere.
Destos tales
se pueblan los hospitales,
que no sabiendo dónde ir,                        600
en los palacios reales
les es forzado morir.
Los terceros
son otros más extranjeros,
personas extravagantes,                          605
legados y mensajeros,
fatores y negociantes,
que allí van,
y en la corte donde están
se tienen por peregrinos;                         610
mas con trabajo y afán
la siguen por los caminos
y carreras,
y de burlas y de veras,
por el tiempo que les cabe,                       615

padecen de mil maneras,
y prueban bien a qué sabe
ser fatores;
por servir a los señores
o negociar de otra suerte,                    620
sufren duelos y dolores,
y algunas veces la muerte
temerosa,
tras la justicia dudosa,
andando contino en vela,                      625
o como la mariposa
en torno de la candela
deslumbrados;
mas los menos mal librados
son estos a la verdad,                        630
pues los pleitos acabados,
vuelven a su libertad.
Ausentada.
La cuarta gente granada
que navegan con buen norte,                   635
a quien es licencia dada
de la vivienda de corte,
son aquellos
que la mandan, y en pos de ellos
se ya la gente golosa,                        640
y algunos por los cabellos,
aunque muestran otra cosa.
Estos son
los que en la gobernación,
tienen poder, y los senos                     645
aforrados de pasión,
y de sudores ajenos
se enriquecen.
Estos son los que parecen

al mundo cosa divina,                      650
y les sirven y obedecen
con diligencia contina
muy crecida,
y su boca es su medida
con sobrado cumplimiento                    655
de cuanto hay en esta vida,
excepto contentamiento
y hartura,
porque cuanto su ventura
y astucia les acarrean                      660
no basta, según natura,
al sosiego que desean;
y al sabor
de la privanza y favor,
riquezas, mandos y honores,                 665
créceles más el ardor
de la corte y sus amores;
en la cual,
según dice Marcial,
tres o cuatro comunmente                    670
se gozan lo principal,
los otros andan a diente.
Etos grados
aquí, Lucrecio, notados
son los que a mi parecer,                    675
en palacio perdonados
y admitidos, pueden ser
costreñidos,
convidados o movidos,
unos por necesidad                          680
y otras por embebecidos
en la tal prosperidad
y grandeza,

otros por la gentileza
de la edad en su sazón, 685
y algunos por la graveza
de accidental ocasión,
que se ofrece:
a uno porque carece
de otro medio de vivir, 690
y a otro porque florece,
y huelga de se servir
de los buenos;
los unos por estar llenos,
y los otros por vacíos, 695
por carta de más o menos
se quedan allí estantíos,
aislados;
mas, fuera de estos estados,
que tocan en los extremos, 700
hay otros menos forzados,
a quien más culpa ponemos;
y éstos son
los que en esta profesión
cortesana, ni son ricos 705
ni de pobre condición,
ni muy grandes ni muy chicos,
que podrían
apartarse, y vivirían
sin la corte y sin querella, 710
y aparte, carecerían
de cien mil trabajos della
que hay allí;
y no lo haciendo así,
estos son los más errados, 715
y podeis contarme a mí
por uno de los culpados.

## Capítulo III

Lucrecio        Ya, señor Prudencio, entiendo
     Lo que antes no sabía,
    y me parece ir sintiendo         720
    un poco más que solía
    deste cuento.
    Ya tomo conocimiento
    qu'en la corte hay bueno y malo,
    y que tras su seguimiento        725
    se da del pan y del palo;
    mas si os place,
    lo que a mi negocio hace,
    más por menudo se note,
    porque antes que me enlace     730
    mire por do va el virote,
    y me avise,
    porque ninguno me piso,
    de arrimarme a lo más firme,
    para que desto que quise      735
    no convenga arrepentirme,
    ni lo espero;
    pero suplícoos y quiero
    que desos estados todos
    me digáis, señor, primero      740
    las condiciones y medos,
    y su vida,
    para que, bien entendida,
    aunque sea brevemente,
    sepa buscar la salida,         745
    y huir de su inconveniente,
    si pudiere
    y mi ventura quisiere,
    pues el hombre apercibido,

|  | dicen que do quier que fuere | 750 |
|  | va ya medio defendido. | |

Prudencio    A mi ver,
bien oí; será menester
cualquier apercibimiento,
Lucrecio, para hacer    755
tal jornada con buen tiento,
y pensar
que la corte es un gran mar,
profundo, tempestuoso,
por do habéis do navegar,    760
que suelo ser peligroso
de tormentas,
contrastes y sobrevientas,
con viento nunca bien cierto,
do se pasan mil afrentas    765
antes de llegar a puerto,
y no llegan,
dos, de dos mil que navegan,
a los puertos deseados,
que en el camino se anegan    770
y son manjar de pescados;
sin sacar,
con vela y trasnochar,
de su hilado mazorca,
y antes de ver el lugar    775
les aparece la horca.
Y así andando,
con fortuna navegando
por las ondas de la corte,
van con el mar peleando,    780
sin mostrárseles el norte
jamás claro,

San Telmo ni San Amaro,
y en lo más grave del mar
menos socorro y amparo,                          785
aparejo ni señal
de bonanza;
o ya que haga mudanza,
sucede contraria calma,
de que ningún bien alcanza                        790
el cuerpo y menos el alma.
Pues mirados,
demás desto, los estados
de los que tras corte guían
bien pueden ser comparados                        795
a los peces que se crian
en los mares;
tantos cuentos y millares,
formas y suertes de gentes,
d'estados particulares                             800
y entre sí tan diferentes,
hay continas
en la corte por vecinas
como están las mares llenas
desde muy chicas sardinas                          805
hasta muy grandes ballenas;
mas pensad
que, aunque son de calidad
diversos y de figura,
en buscar su utilidad                              810
todos son de una natura
y de un arte,
y sin que nadie se harte,
unos a otros se tragan,
pero por la mayor parte                            815
los más pequeños lo pagan,

y se ahoga
el que al remo bien no boga
por ser de fuerzas menguado,
que, según dicen, la soga                    820
quiebra por lo más delgado;
y en la mar
suelen los vientos soplar,
dando pesar o placer,
y unas veces ayudar                          825
y otras echar a perder;
y estos son,
en la corte, la ambición,
favor, envidia, maldad,
pobreza y uso ladrón,                        830
viciosa superfluidad,
y otros tales
nordestes y vendavales,
que llevan a ley de vuelo,
unos a los arenales,                         835
y otros levantan al cielo.
La primera
es viento, que por do quiera
tiene fuerza principal,
mas en palacio se esmera                     840
y muestra más general,
y no hay cosa
tan ardua ni peligrosa,
tan pública ni secreta,
que la ambición deseosa                      845
no la emprenda, y acometa.
Este viento
con contino movimiento
hiere, sacude y altera
las velas del pensamiento,                   850

a que no pueda ni quiera
ver reposo;
y así, ningún ambicioso
puede jamás sosegar,
porque vivo congojoso                                855
por subir y por mandar
y poder,
por fas o nefas, crecer
en honra y autoridad,
y por ellas posponer                                 860
cualquiera fe y amistad,
ley y amor.
El segundo es el favor,
viento cierzo, que cercena
y sopla con gran furor                               865
hasta romper el antena
de la nave;
con unos blando, suave,
con mar bonanza y en popa,
con otros duro y muy grave,                          870
por proa, donde les topa;
y éste es
el que levanta los pies
en la corte a ruinos gentes
y hace dar de través                                 875
a otros bien merecientes,
y desquicia
las puertas de la justicia,
vendiéndola muchas veces,
porque de nuestra caricia                            880
allí tuercen los jueces
la balanza,
y lo que un bueno no alcanza
con virtud y con razón,

lo suele dar la privanza                        885
a otros que no lo son.
Pues pensad
que la envidia y la maldad
son dos vientos regañones,
que aun contra la caridad                        890
suelen mostrarse leones
mordedores,
que delante los señores
y do quiera que se hallan,
sirven de murmuradores                           895
y tiran piedras y callan.
Pues pobre a
es viento que en ligereza
suele entre otros señalarse,
porque hombre con pereza                         900
no puede bien concertarse,
ni dejar
día ni noche de buscar
lo de que padece mengua;
y de aquí vienen a hablar                        905
las picacas nuestra lengua;
que ninguno
se huelga estar en ayuno,
y este viento de codicia,
demás de ser importuno,                          910
no carece de malicia,
por querer
por bien o mal proveer
en sus duelos y pesares,
y por tener de comer                             915
róballo de los altares,
sin más tiento.
El otro terrible viento

es la costumbre de cosas,
ladrón público y exento,                    920
que las hace ser forzosas
por tal vía,
que tras una bobería
o locura cortesana
se van de noche y de día                    925
con solicitud muy vana
mil perdidos,
burlados, embebecidos,
al hilo de la costumbre
de los trajes y vestidos,                   930
siguiendo la muchedumbre,
que los lleva
tras cualquier cosa nueva,
sin saber por qué se hace,
sino porque se lo aprueba                    935
el uso que les aplace;
porque yo,
solo después que volvió
el Rey Católico a España
y en Burgos se le juntó                      940
de gente nuestra y extraña
gran gentío,
creciendo a todos el brío
con las nuevas experiencias
he visto en el atavío                        945
más de treinta diferencias
palacianas,
pareciéndoles galanas
por ser de tierras ajenas,
y aunque algunas harto vanas                 950
el uso las hace buenas;
con el cual

anda junto a la cabal
otro viento destemplado
qu'es gasto descomunal,                                    955
superfluo, demasiado
en comer,
vestir, jugar y hacer
otros excesos costosos,
con que al fin vienen a ser,                               960
de pródigos, codiciosos
y tiranos,
asiendo con ambas manos
cuanto pueden apañar
de moros y de cristianos,                                  965
para tener qué gastar.
Suele haber
también, según podéis ver,
en la mar peñas y rocas,
donde se suelen romper                                     970
en la mar fustas no pocas,
y éstas son
en corte la indignación,
ira y saña y disfavor,
con razón o sin razón,                                     975
del rey, príncipe o señor,
o sospechas
derechas y no derechas,
y malas informaciones,
que se tiran como flechas                                  980
y enclavan los coracones
y sentidos
de los más bien entendidos
príncipes y recatados,
a pensar ser ofendidos                                     985
de sus mayores privados,

do el favor
se convierte en desamor,
y se toma en posesión
el más leal de traidor; 990
tanto puede la opinión
diferente,
teniendo por delincuente
al justo de allí adelante,
al bueno por negligente 995
y al sabio por ignorante.
Estos tales
accidentes naturales
son escollos y bajíos
en los palacios reales, 1000
do se pierden los navíos
cuando topa
en ellos la proa o popa,
y cuando así se tropieza
algunos pierden la ropa, 1005
otros pierden la cabeza,
según dan
ejemplo con su desmán
dos condestables a una
en tiempo del rey don Joan, 1010
Ávalos y aquel de Luna
sin igual,
y el gran inglés cardenal,
eboracense tan bravo,
tratado tan bien y mal 1015
de su rey Enrique Octavo;
y tras él,
su sucesor Cramuel,
a quien este rey nombrado
al cabo fue tan cruel, 1020

habiéndolo gobernado
dulcemente;
mas dado en el accidente
de su saña sospechosa,
perdieron, en continente,                                    1025
honra y vida y toda cosa
con afán.
Y al cabo por aquí van
muchos, como fue Abrain
acerca de Solimán,                                           1030
con quien hizo mala fin.
Pues notad
que en la mar sin piedad,
demás destas sus tormentas,
tampoco hay seguridad                                        1035
de sus peligros y afrentas
ordinarios
de ladrones y corsarios,
que en palacio es cosa cierta
ser malsines adversarios,                                    1040
metidos en encubierta
asechanza,
que aunque vais con mar bonanza
os saltean en poblado
y os atajan la esperanza                                      1045
del descanso deseado.
Veis aquí
por lo que antes prometí,
Lucrecio, entre éstas y éstas,
lo que me parece a mí                                        1050
para en parte de respuestas
cerca desto;
lo cual has propuesto,
pues lo entendéis, como pienso,

a lo demás estoy presto                    1055
de responder por extenso.

## Capítulo IV

| Lucrecio | Señor Prudencio, bien veo | |
|---|---|---|
| | cuán por orden y razón | |
| | y conforme a mi deseo | |
| | l'eváis esta relación | 1060 |
| | como diestro. | |
| | Bien dice el proverbio nuestro | |
| | qu' «El que las sabe, las tañe»; | |
| | y así yo con tal maestro | |
| | bien es que me desengañe | 1065 |
| | y aperciba | |
| | a subir la cuesta arriba, | |
| | y el trabajo a que me atrevo | |
| | en paciencia lo reciba, | |
| | y no le tenga por nuevo | 1070 |
| | puesto en él, | |
| | que, aunque mancebo novel, | |
| | ya sé bien que, en esta vida | |
| | no suele ser todo miel | |
| | lo que con ella convida, | 1075 |
| | ni hay estado | |
| | tan seguro y descansado | |
| | en este mundo traidor, | |
| | que al fin no esté rodeado | |
| | de afán, peligro y dolor | 1080 |
| | comúnmente; | |
| | y así por el consiguiente, | |
| | entiendo bien a la llana | |
| | no faltar inconviniente | |
| | en la vida cortesana | 1085 |
| | tras que voy; | |
| | pero, como dije, estoy | |
| | inclinado a darle un tiento, | |

porque para quien yo soy
otra mejor no lo siento; 1090
quanto más,
que tomando a lo de atrás
que decís de los estados,
que en el término y compás
en corte son aceptados 1095
los primeros
mancebos libres, solteros
y la fresca juventud,
hidalgos y caballeros
inclinados a virtud 1100
singular;
en ningún otro lugar
de más honra y más deporte
pueden tan bien emplear
su tiempo como en la corte, 1105
triunfando,
discurriendo y paseando
por los palacios y salas,
a sí y a su rey honrando
con, gentilezas y galas. 1110
Y aprendiendo
mil lindezas, que viviendo
sirven después cada día
al arte que van siguiendo
de proeza y cortesía, 1115
de do salen
grandes varones que valen,
después para gobernar
y para que se señalen
en el arte militar; 1120
y se eligen
hombres sabios que corrigen

a otros con su prudencia,
y que en paz y en guerra rigen
el mundo con la experiencia                                    1125
con que van;
según el Gran Capitán,
por dichos de muchos sé,
por cortesano galán
salió a ser aquel que fue;                                     1130
de manera
que desde la edad primera
parece que en el estado
de palacio está cualquiera
hidalgo bien empleado,                                         1135
porque allí,
según habéis dicho aquí,
aprenden gentil crianza,
y echan cargo al Rey de sí
para tener esperanza                                           1140
de medrar.

Prudencio        No os lo puede eso negar,
cierto, Lucrecio, ninguno,
ni nadie debe estorbar
su desinio a cada uno,                                         1145
porque son
de diversa condición
los pareceres humanos,
y cualquiera profesión
tiene al fin sus perrochanos.                                  1150
No hay oficio
de tan civil ejercicio,
ni aun de sucios curtidores,
que en su uso y su servicio
no le sobren servidores                                        1155

y oficiales,
y en los palacios reales
tamblén hay, por su natura,
quien por causas especiales
vaya a probar su ventura;                           1160
mas si yo
al tiempo que me llevó
allá mi dicha, supiera
lo que después me mostró
la experiencia verdadera,                           1165
no sin daños,
y entendiera los engaños,
creedme, Lucrecio, a mí
que aquellos mis nuevos años
no se gastaran así;                                 1170
mas yo, estando
so ajeno poder y mando,
a la corte fui llevado
en tiempo de Don Fernando,
ínclito rey, señalado                              1175
en bondad,
valor y prosperidad
entre los príncipes buenos,
siendo entonces yo de edad
de quince años, y aiwi de menos,                   1180
no cumplidos,
los cuales doy por servidos
antes de venir allí
y los demás por perdidos
después que a la corte fui.                         1185
Y si fuese
posible que yo pudiese
tornarlos a recibir,
daría buen interese

por tornarlos a vivir, 1190
y pasar
en otra parte o lugar
de más sosiego y asiento,
de do pudiese sacar
menos arrepentimiento 1195
y manquera;
y si Dios hijos me diera
en quien esto se enmendara.
Tan mal padre no les fuera,
que en corte los empleara. 1200

Lucrecio     ¿Cómo no,
señor Prudencio? Pues yo
no creía ni pensaba
sino qu'el que se crió
en corte se aventajaba 1205
con servir,
conversar y ver y oír
diversas cosas y gentes,
de donde suelen salir
más discretos y prudentes, 1210
avisados,
valerosos, bien criados.

Prudencio     Y aún podéis decir pomposos;
mas muchos, desvergonzados,
deshonestos y viciosos, 1215
baratones,
jugadores y glotones,
y otras tales gallardías,
con otras conversaciones
y peores compañías; 1220
pues llegados

más adelante a los grados
de la edad del gallear
en que a ser enamorados,
comienzan ya a loquear                           1225
y estirarse,
suspirar y requebrarse,
echar el ojo a las damas,
y a la causa embarazarse
en nuevos pleitos y tramas                        1230
y honduras
de simplezas y locuras,
barajas y competencias,
de do manan travesuras,
enojos y diferencias                              1235
y quistiones,
discordias y disensiones,
fruta de la ociosidad,
a que les dan ocasiones
la soberbia y vanidad                             1240
tras que van.
A no pocos también dan
ocasión sus liviandades
de comer después su pan
con dolor y enemistades                           1245
y cuidados,
porque quedan obligados
a puntos de honra y afrenta,
de donde los afrentados
viven vida descontenta                            1250
con dolores,
y si son afrentadores,
peligrosa y mal segura,
con recelos y temores
de la venganza futura,                            1255

que merecen;
do se siguen y recrecen
desastres y desvaríos
con que a las veces perecen
en campos y desafíos;        1260
o porfías,
contiendas y fantasías,
y sospechas y querellas,
do viven amargos días,
y mueren al fin con ellas        1265
en ruido,
como creo habéis oído,
más, Lucrecio, de una vez
que en la corte acaecido
han cosas deste jaez        1270
según d'ante
por un caso semejante
y desconcierto galán
fue el pleito del Almirante
con Ramiro de Guzmán        1275
en Castilla;
y por otra tal rencilla
o reporte harto seco
a manos del de Padilla
murió don Diego Pacheco        1280
poco ha.
Y otros mil después acá
y antes, que aquí no nombro,
que les cumple acá, y allá
andar la barba en el hombro        1285
con pasión.
Y estos trances al fin son
los que deprisa o despacio
los mocos; por galardón

pueden sacar del palacio;                          1290
sin lo cual
hay entrellos otro mal:
que aun de los más estirados
andan siempre en general
no poco necesitados                                1295
y corridos,
empeñados, y aun vendidos,
por valerse y sustentar
las galas y los vestidos
con que los veis triunfar                          1300
con arreos;
ni os venzáis de los deseos
de la apariencia hermosa
de sus justas y torneos,
no mirando la tal cosa                             1305
lo que cuesta
y cómo les es molesta,
porque suele, bien que agrada,
ser acabada la fiesta,
y la ropa no pagada,                               1310
y vacía
la bolsa lo más del día,
y aun el arca de dineros,
y a su puerta cada día
los sastres y cordoneros;                          1315
lo cual quiero
probar con un caballero
de quien no poco se gusta,
que habiendo sido el primero
mantenedor de una justa                            1320
bien galana,
otro día de mañana
con diligencia forzosa

le convino sin su gana
poner pies en polvorosa 1325
los placeres
y servicios de mujeres,
el vestir y festejar,
a manos de mercaderes
al cabo van a parar; 1330
con los cuales
los nobles galanes tales
y mancebos cortesanos
tienen tratos muy reales
y mohatras a dos manos, 1335
más que digo.
De lo cual fue buen testigo
en aquella sazón buena
Luis Álvarez mi amigo
y su mujer la Morena, 1340
que solían,
cuando en la corte vivían,
saber destos repiquetes;
los cuales me referían
de uno de los mancebetes 1345
deste cuento,
que sobre su juramento
le pidió ropa fiada,
dándole conocimiento
con que fuese segurada 1350
de presente,
prometiendo gentilmente,
demás del justo interese,
de pagarla incontinente
que su padre se muriese, 1355
que aún vivía;
pero, según él decía,

y es de creer deseaba,
tres años solos podía
vivir; y así, se obligaba                    1360
que valiese,
que si por dicha viviese
más deste tiempo notado
desde allí adelante fuese
el interese doblado.                         1365

Lucrecio          ¡Oh mal hijo,
que por ningún regocijo,
fiesta ni necesidad
tal secreto y escondrijo
descubre de poquedad                         1370
descortés!

Prudencio         A la verdad así es.
Mas la corte y sus excesos
causa que salgan después
los mocos así traviesos                      1375
y atrevidos.
Pues de verlos ir pulidos
envidia tampoco os hagan
que si fuera van lucidos,
dentro de casa lo pagan,                     1380
porque andando
en sus locuras pensando,
es ley de aquella su empresa
gallofear granjeando
la vida de mesa en mesa,                      1385
y aguardar
al duque para yantar
y al conde para la cena,
y servir y acompañar

por comer a costa ajena,                1390
y hacer
por aquel negro comer
calemas e hipocresías,
y aun usar, si es menester,
de algunas lisonjerías               1395
diestramente,
y recibir de la gente
a ratos algún baldón,
y aun beber agua caliente,
los de menos condición;              1400
pues pasadas
ya por dicha o no acertadas
las horas del comer fuera,
el hacerlo en sus posadas
suele ser a la ligera,               1405
y es de ver
qu'el remedio suelo ser
acoger a dos pasteles,
y suplir su menester
a las veces sin manteles,            1410
porque en casa
no hay ceniza, Y menos brasa,
olla, sartén ni caldera,
sino algún jarro sin asa,
ajuar de la frontera;                1415
de lo cual
os puedo, sin decir mal,
dar un ejemplo casero
de un galán muy principal
y gentil aventurero,                 1420
que tenía
otro tal en compañía,
y ambos eran a la iguala

la flor de la lozanía,
y en gentilezas y gala 1425
señalados,
de las damas estimados,
en las danzas los primeros,
y los más regocijados
en hechos de caballeros; 1430
y traían
de mocos que les servían
harta copia y apariencia,
iban a corte y venían
vestidos por excelencia. 1435
Yo miraba
en ellos, porque posaba
allí junto, y siempre vía
un su paje que tornaba
de la placa a mediodía 1440
muy ligero
aprisa, y en un sombrero
le vi traer muchas veces
cosas de poco dinero:
queso, ciruelas y nueces, 1445
pan y peras,
o semejantes maneras
de frutas de tal linaje,
que yo pensaba de veras
ser golosinas del paje, 1450
o señal
de merienda o cosa tal,
que algunas veces usamos;
pero no lo sustancial
de la mesa de sus amos; 1455
ni creyera,
según su rica manera,

vestidos, galas y arreo,
que su despensa cupiera
toda junta en un chapeo, 1460
hasta que
ocasión dada me fue
de visitar su posada,
y una vez que en ella entré
por cierta causa privada 1465
bien honesta,
con ser en medio la fiesta,
y la tarde ya vecina,
ni la mesa estaba puesta
ni ahumaba la cocina. 1470
La vajilla
era un peine y escobilla,
y los galanes sentados
tras una pobre mesilla,
los bancos medio quebrados, 1475
suspirando,
y a las vueltas solfeando,
y con un par de vihuelas
de rato en rato tocando,
comían de sus ciruelas 1480
muy contentos.
Veis aquí los cumplimientos
del vivir de los galanes,
muy altos los pensamientos,
mas envueltos en afanes. 1485

## Capítulo V

Lucrecio

Bien, señor Prudencio, habría
sobre eso qué replicar;
mas, por excusar porfía,
quiero dejarlo pasar                               1490
adelante;
y según dijiste ante,
la segunda profesión
es de gente mendigante
y de servil condición,                             1495
que forzados
de su suerte y de sus hados
y hambre que los convida,
quedan en corte arrestados,
como gente ya rendida,                             1500
sin tener,
para poderse valer,
lugar más cierto y estable
do se puedan acoger
que a la vida miserable                            1505
cortesana,
la cual, por fuerza o de gana,
tomada ya por costumbre,
se quedan allí a la llana
en perpetua servidumbre;                           1510
de los cuales,
y sus miserias y males,
os ruego queráis contar,
porque tenga de los tales
relación particular,                               1515
cual s'espera;
bien pues que hay donde quiera
trabajos como en la corte,

sufridos en ella o fuera,
todo, al fin, va por un norte.

Prudencio                Es verdad,                                    1520
                         Lucrecio; pero mirad,
                         que miserias y fatigas
                         sufridas con libertad
                         no nos son tan enemigas
                         ni tan duras,                                  1525
                         y que las pobres venturas
                         y bajeza de fortuna
                         menos relucen a oscuras
                         que al resplandor de la Luna;
                         y en la vida                                   1530
                         apartada y retraída
                         de bullicio cortesano
                         no hay tanta ocasión que pida
                         al apetito liviano
                         gollorías,                                     1535
                         con que en ver las fantasías
                         y las ventajas ajenas
                         andamos noches y días
                         combatidos de mil penas
                         y pasión                                       1540
                         de envidias y de ambición,
                         porque lo que el ojo ve
                         es fuerza que el corazón
                         lo codicie y lo desee,
                         de tal arte,                                   1545
                         que muchos en otra parte
                         serían hombres templados,
                         en corte no hay quien los harte
                         de deseos excusados
                         sin holganza,                                  1550

y en falta de la esperanza,
que consuela al que padece,
de caridad y templanza
también la corte carece.
De manera                                    1555
que el que en otra parte fuera
de su fortuna contento,
en palacio desespera
con su descontentamiento,
sin paciencia;                               1560
y aún hay otra diferencia
del uno al otro dolor,
y es, que cuanto a la conciencia,
lo de corte es muy peor,
porque acá                                   1565
la pobreza, al que la ha,
a veces es meritoria,
y el pobre soberbio allá
no tiene parte en la gloria;
y los dos,                                   1570
como al fin lo veréis vos,
son mártires de quien hablo;
mas el uno lo es de Dios,
y el de corte del diablo,
porque allí                                  1575
no se conocen a sí,
y se trocan de tal suerte,
que lo qu'es virtud aquí
en vicio se les convierte.
¿No habéis visto                             1580
entre los siervos de Cristo
aquel Pedro tan honrado,
de su Señor tan bienquisto
y de sí tan confiado,

que no había                                    1585
cuatro horas que se ofrecía
a morir por amor dél
y que con toda osadía
combatió por serle fiel;
y en nonada,                                     1590
aun no bien seca la espada,
ni mansa la furia y brío
de la fiera cuchillada
que dio en el huerto al judío,
en entrando                                      1595
tras nuestro Dios, suspirando,
en la corte de Caifás,
luego se fue retirando
de su esfuerzo para atrás;
y el valiente,                                   1600
cobarde súbitamente,
negó luego a su Señor
por complacer a la gente
que allí estaba en derredor
a su lado?                                       1605
Pues a Judas el malvado
¿Quién le hizo rebelar,
habiéndole Dios llegado
a sí y al alto lugar
donde estaba,                                    1610
sino que comunicaba
con hombres d'esta ralea
cuando Cristo se hallaba
en la corte de Judea?
Mas dejado                                       1615
esto aparte, por probado,
quiero, por obedecer
a lo por vos preguntado,

si supiere, responder
brevemente: 1620
notad, pues, que de presente,
y en los tiempos que ya fueron,
siempre de mísera gente
los palacios anduvieron
proveídos; 1625
unos desfavorecidos,
otros a quien no les bastan
los salarios y partidos
al tercio de lo que gastan
y querrían, 1630
especial cuando solían
usarse en corte escuderos,
que lo más del mes vivían
excusados de dineros
y ducados. 1635
Verlos heis muy estirados
y ufanos al parecer,
voceando de enfadados
d'esperar para comer
a la una, 1640
con su pobreza importuna
quejosos según su cuenta,
de la contraria fortuna,
que les fue tan avarienta
de favor; 1645
con cuidado del Señor,
si cabalga o no cabalga,
y fuera en el corredor
esperándole que salga
noche y día. 1650
Mil trabajos os podría,
tomándolo de reposo,

contar, que saber solía
deste pueblo deseoso
de que oís,                                    1655
cuando usaban borceguís
y era el sueldo un año entero
cinco mil maravedís,
y el tablón del despensero,
do el placer                                   1660
del banquete suele ser
por ordinario manjar
vaca cocida a comer,
vaca fiambre a cenar,
y aún helada,                                  1665
que sobró, mas no sobrada,
y escudilla de cocina,
a veces más apurada
que caldo de melecina
o cristel,                                     1670
y el despensero cruel
que os dice: «muy desgraciado,
habed paciencia con él
hasta el día de pescado»;
en el cual                                     1675
vuestro pescado cecial
dan a los más favoridos,
y si aquello os hace mal,
un par de güevos podridos.
Pues hedor                                     1680
de la chusma en derredor
es pestilencia no poca,
y algunos qu'el salvonor
hace ventaja a su boca,
asentados                                      1685
muy justos, muy apretados,

con voces y confusión,
y los manteles pegados,
de muy sucios, al tablón.
Dios os guarde,                                    1690
Lucrecio, temprano y tarde
destas miserias y duelos,
y de entrar en el alarde
de despensas y tinelos
de señores,                                        1695
y de la hambre y dolores
de la más limpia y mejor,
cuanto más de los primores
de la del comendador
Esquivel,                                          1700
cuya tasa y arancel
muy por lo delgado yendo,
diz que una vez vino a él
su despensero diciendo,
muy paciente:                                      1705
«Toda, señor, esta gente
de cas de vuesamerced
se queja terriblemente
de la hambre y de la sed,
y de mí,                                           1710
que no se lo merecí,
y tratánme de mal modo
clamando todos aquí
que la causa dello todo
yo la soy;                                         1715
y han dado mil voces hoy,
diciendo qu'el año en peso
a las cenas no les doy
sino rábanos y queso;
enojados,                                          1720

dicen que ya están cansados
de tal forma de vivir,
y que de muy enfadados,
no lo pueden más sufrir.
Gran razón,                                          1725
dijo Esquivel, y ocasión
tienen esos de querella,
y tu poca discreción
es toda la causa della;
y el enfado                                          1730
del que se te han querellado
nace de causa donosa,
qu' es darles demasiado,
y siempre una misma cosa
a porfía;                                            1735
pero dándoles un día
los rábanos solamente,
y otra el queso, apostarla
que cada cual se contente;
hazlo así,                                           1740
y el que torciere de allí
y se mostrare agraviado,
yo te doy licencia a ti
que le hagas licenciado.»

Lucrecio        No me agrada                         1745
despensa tan estirada
y religión tan estrecha,
ni cena tan apocada,
ni poquedad tan derecha;
eso tal,                                             1750
más es cosa de hespital
que casa de caballero,
donde es menos liberal

el aino qu'el despensero;
mas, ya que ese                                          1755
tan escaso señor fuese,
otros mil habrá do quiera
que al miserable interese
no miren d'esa manera.

Prudencio          Yo os confieso,                        1760
ser así; mas fuera deso,
hay miserias infinitas,
Lucrecio, que en el proceso
de palacio están escritas
y alegadas,                                              1765
por necesarias forzadas,
que de la gente mezquina
suelen ser también guardadas,
y especial cuando camina
con sufrir                                               1770
en el comer y vestir
diversas sobras y menguas
y gravezas, que decir
no pueden cincuenta lenguas,
con jornadas                                             1775
enojos y pesadas,
y las posadas porcunas,
sucias y desventuradas,
y muchas veces ningunas,
por mesones,                                             1780
por pajares y rincones,
con vientos y tempestades,
y trabajos a montones
y mil incomodidades;
y pasando,                                               1785
tras los señores andando,

hambre, sed, calor y frío,
y otras molestias gustando
del invierno y del estío,
y rigores                                    1790
enojos y sinsabores
de lluvia y polvo y pasiones
de chinches y sus hedores,
pulgas, moscas y ratones,
y otras tales                                1795
vejaciones, generales
al grande como al menor,
mas el pobre en todos males
al fin pasa lo peor.
Que aunque todos                             1800
pasan duelos de mil modos,
muy gran diferencia hallo
del que va a pie por los lodos
al que va en un buen caballo
cabalgando;                                  1805
pero haber de ir arrancando
los pobres acemileros
en ivierno, renegando,
por cienos y atolladeros
como van,                                    1810
ver su trabajo y afán
con una carga caída,
a dolor os moverán,
aunque es gente desmedida,
regañada;                                    1815
mayormente en la jornada
del Rey por Extremadura,
hasta ser su fin llegada
en el lugar de Abertura
do salió                                     1820

ya tal, que cuando llegó
con pena a Madrigalejos
su santa vida acabó,
que no valieron consejos
de Avicena.                              1825
Pues la gran fatiga y pena
que por allí se sufría
en tierra extraña y ajena
de corte, ¿quién la podría
referir?                                 1830
tierra se puede decir
por todo extremo fragosa,
sin camino por donde ir,
pero de agua abundosa,
y trampales,                             1835
lagunas y tremedales,
pocos y tristes lugares,
arroyos y chapatales,
dehesas y colmenares
apartados,                               1840
do viérades atollados
acemileros caídos,
mocos d'espuelas mojados,
y los pajes ateridos
en la silla,                             1845
que, por Dios, era mancilla
cuando allí se caminaba
ver la pobre gentecilla
el trabajo que pasaba.
Y aun decían                             1850
algunos que se dolían,
que las muchas maldiciones
de los que así padecían
dieron prisa a las pasiones

del rey bueno,                           1855
tocándole tan en lleno,
y alzándole de suerte,
que como a extraño y ajeno
le llegaron a la muerte.
¿Qué os diré                             1860
de cosas que visto he
en la corte de Castilla,
y a muchos andar a pie
sin su gana por seguilla
harto en vano,                           1865
que, sin ser más en su mano,
trotan con cuidado eterno
por el polvo en el verano,
por el lodo en el invierno,
con dolor?                               1870
también vi, muy sin favor
de noble gente pobreta,
de casas de un gran señor
ir quince en una carreta
alquilada,                               1875
que por fiesta señalada
los íbamos a mirar
al llegar de la posada
y a la entrada del lugar,
por reír.                                1880
Pues en casos de dormir
farsas he visto donosas,
muy dignas; para escribir,
y de sufrir trabajosas;
mas de ver,                              1885
y de contar por placer,
si el tiempo fuere bastante;
y podéismelas creer,

porque fui participante,
y me vi                                              1890
la primer noche que fui
a palacio a ser domado
tal que no me conocí,
entre tantos acostado,
mis iguales,                                         1895
el número de los cuales
era, por nuestros pecados
sobre cinco cabezales
once pajes estrellados.

## Capítulo VI

Lucrecio

No hay, señor Prudencio, dada         1900
ser esa suerte de vida
por una parte muy cruda
y por otra desabrida,
y un estado
harto desaventurado         1905
de personas abatidas;
que aunque no lo he probado,
ya sé algo por oídas,
y he placer,
para mejor lo entender,         1910
que por ejemplo se muestre,
porque eso tal debe ser
los colchones del maestre
que he oído;
que aunque no lo había entendido         1915
por el cabo hasta agora,
que alcanzo verse cumplido
en quien en palacio mora
bajamente.
Mas ya que la pobre gente         1920
tan mal se siente tratar,
y que l'es inconveniente
el luengo perseverar,
qué simpleza
es, padeciendo pobreza         1925
y no teniendo esperanza,
tener en corte firmeza
sin hacer nueva mudanza,
y buscar
en otra parte o lugar         1930
otro pan menos amargo

y otras artes de medrar,
pues es el mundo tan largo,
y huir
de palacio por vivir                                    1935
sin sus duelos y querellas,
a parte do sin servir
carezca dellos y dellas.


Prudencio         Vos habláis
muy bien, Lucrecio, y estáis                           1940
en un parecer conmigo,
pues en eso os conformáis
con lo mismo que yo digo
y querría,
por ser lo que convernía                               1945
a muchos; y ¡ojalá fuese
tal mi dicha cual sería
huir el que lo pudiese
bien hacer!
Mas hagos, señor, saber                                1950
que la mayor desventura
de palacio suele ser
una constante locura
con que ando,
la boca abierta, mirando,                              1955
a los otros que más son,
y con ellos publicando
lo que niega el corazón.
Infinitos
son los que suelen dar gritos                          1960
fingidos y verdaderos
contra los usos malditos
de la corte, y vanse en cueros
en pos della;

que con toda su querella,                          1965
jamás pueden olvidalla;
bien pueden aborrecella,
mas no del todo dejalla.
Muchos vi,
comuniqué y conocí                                 1970
de la corte descontentos,
que al fin quedaron allí
con todos sus pensamientos
y cuidados;
qu'estaban determinados                            1975
de no morir cortesanos,
y al cabo los vi enterrados
en corte por otras manos
que esperaban,
lejos de donde pensaban;                           1980
porque en fin las cortes tienen
mil retrabos do se traban
los pies de los que a ellas vienen
de morada,
mayormente esta cuitada                            1985
gente pobre cuya suerte
fue de ser allí arrestada
y en prisión hasta la muerte.

Lucrecio          Bien está,
                  señor Prudencio. Pues ya         1990
                  habemos desto tratado
                  hablemos, si os placerá,
                  del otro tercer estado,
                  negociante,
                  que según dijistes ante,         1995
                  aunque va por otro norte,
                  es también participante

de los duelos de la corte.
Y aunque aquello
no me toca en un cabello,                    2000
pues no voy a negociar,
quiero saber algo dello,
siquiera para avisar.

Prudencio      Ya os podría,
si vuestra suerte lo guía,                   2005
ser, Lucrecio, menester
andar en pleito algún día,
trafagar y revolver;
que no enfada,
por ser cosa muy usada                       2010
en palacio la codicia;
y así, no se pierde nada
que tengáis dello noticia.
Y sabida
la condición desabrida                       2015
del mundo para adelante,
y la maldición y vida
del cuitado pleiteante
cortesano,
qu'es muchas veces en vano,                  2024
y en peligro de perder,
andar, como mal cristiano,
con deseo de vencer
y dañar;
y así, le veréis andar                       2025
solícito y ocupado,
y en todo tiempo y lugar
pensativo y congo,
sin reposo,
recatado y sospechoso,                       2030

importuno y desabrido,
descontento y enfadoso,
y gastado y aborrido,
rodeado
de congojas y cuidado,                    2035
esperanzas y temor,
de casa del abogado
a cas del procurador.

Lucrecio        Donde quiera
                suelen ser de esa manera       2040
                los pleitos, según se suena;
                qu'el que mejor fin espera
                no puede vivir sin pena
                congojada;
                porque es guerra guerreada,    2045
                y la sentencia es la lid,
                agora sea en Granada,
                agora en Valladolid.

Prudencio       Así son,
                los pleitos, tenéis razón       2050
                Lucrecio, de cualquier arte,
                pero dan mayor pasión
                en corte que en otra parte,
                porque van
                más a la luenga y no están      2055
                en un lugar de contino,
                y es muy terrible desmán,
                con pleitos por el camino
                tener cuentas,
                y aun con las Mil y quinientas   2060
                para la corte apeladas,
                se pasan cien mil afrentas

antes de ser acabadas.
Pues dolores,
cuidados, prisas, temores,                    2065
y otros males semejantes
de los solicitadores
y cualesquier negociantes
cortesanos,
no hay notarios ni escribanos                 2070
que lo basten a decir,
ni ellos pueden darse manos
de barbullar y mentir
por entrar
a descubrir y calar                           2075
el estado de las cosas
y entender y averiguar
las inciertas y dudosas;
por saber
avisar y proveer                              2080
en los casos convinientes,
y así, les es menester
ser sabios y diligentes,
avisados,
astutos y recatados,                          2085
desenvueltos y sesudos,
graciosos, disimulados,
entremetidos y agudos
y discretos
para entender los secretos                    2090
de quien entra y de quien sale;
lo cual todo a los pobretos
a las veces no les vale
a dejar
de engañarse y engañar,                       2095
a ser ordinariamente

enfadosos de escuchar
y malquistos de la gente.
Gentil cosa
es también, y muy hermosa                           2100
ser en corte embajador,
que con pompa poderosa
representa a su señor;
y un legado
reverendo, autorizado,                              2105
que con debidos honores
va a palacio acompañado
de nobles y servidores
cabe sí.

Lucrecio             Así me parece a mí                         2110
y veo ser cosa honrada
cuando pasa por aquí
de Roma con la embarada
y se ofrece,
y sin duda me parece                                2115
una gran felicidad,
y cargo que resplandece
con favor y autoridad
muy sin pena,
y que van, la bolsa llena,                          2120
a gozar y ser honrados,
y comen de bolsa ajena
sin afán y sin cuidados.

Prudencio            Así es,
Lucrecio, pero después                              2125
hay cosas continuamente
en que la haz del envés
suele ser muy diferente;

que llegados
a donde son enviados 2130
a corte de cualquier rey,
han de vivir obligados
a condiciones de ley
muy estrecha.
Sin tirar a man derecha 2135
conforme a su comisión,
el rey do está se despecha
y no escucha su razón
con placer,
y aun ya suele acontecer 2140
al que en lo tal entropieza
por cumplir con su deber
dejar allí la cabeza
por nonada,
y alguna vez enclavada, 2145
según lo hizo con rabia
y soberbia acelerada
un baiboda de Moldavia,
mal tirano,
al orador veneciano 2150
porque no se lo humilló
con el bonete en la mano
al tiempo que le habló.
Y en autores
muy ciertos historiadores 2155
hallaréis desta manera
afrentas que a embajadores
se hacen por donde quiera
cada día
con desdén y demasía, 2160
de qu'están los libros llenos;
y aun me dicen que en Turquía

los empalan por lo menos,
qu'es peor,
pues el triste embajador                     2165
desto se descuida y calla,
o quiere andar a sabor
del príncipe do se halla,
con intento
de darle contentamiento                      2170
más de lo que le es mandado,
es culpable atrevimiento
contra aquel que lo ha enviado
y elegido,
el cual quedando ofendido,                   2175
va en peligro el orador
de ser por ello punido,
o de mal negociador;
pero ya
qu'en la corte donde está                    2180
no decline a los extremos,
y navegue por do va
con buenas velas y remos
gobernando,
sin faltar cómo ni cuándo.                   2185
Su embajada como quiere,
y al cabo della sacando
el fruto que mereciere,
no penséis,
Lucrecio, por lo que veis                     2190
de su manera pomposa
que, aunque vos no la entendéis,
deja de ser trabajosa
y molesta;
que, demás de lo que cuesta                   2195
aquella forma de vida,

es una prisión honesta,
después de bien entendida;
porque, entrados
donde son aposentados,                    2200
les es menester estar
como dueñas encerrados,
sin salirse a pasear
ni tener
libertad de complacer                     2205
a su misma voluntad,
por no se descomponer,
y guardar su autoridad;
y guardada,
no pueden gozar de nada,                  2210
excepto do ir y volver
de palacio a su posada
para tornarse a esconder,
y esperar,
si se quiere recrear,                     2215
ya que ellos no salen fuera,
que les vais a visitar
como a gente prisionera.
Y de allí,
según dellos aprendí,                     2220
su pasatiempo y deporte
es darse trabajo a sí
y guerra a toda la corte,
entendiendo,
trafagando y revolviendo,                 2225
inquiriendo y preguntando,
y con algunos mintiendo,
con otros disimulando,
por calar,
sacar, saber, avisar                      2230

de lo hecho y lo no hecho,
y a vuelta dello encajar
la saya por su provecho.
Uno había
(Dios nos guarde) qu'escribía                    2235
por ejercicio ordinario
más cédulas cada día
que hay en cas de un boticario,
que enviaba
a diversos, do pensaba                           2240
hacer alguna levada;
lo cual todo se cargaba
a cuenta de la embajada;
y pedía
lo que bien le parecía                           2245
con desvergüenza muy suelta,
y con sus tramas traía
toda la corte revuelta.
Bien que son
ajenos a tal pasión                              2250
otros muchos oradores,
y de cualquiera nación
suele haber embajadores
generosos,
excelentes, virtuosos                            2255
y sabios en negociar;
mas aun los muy oficiosos
no se pueden excusar
de pasiones,
molestias, contradicciones,                      2260
trabajos, dificultades,
de duras negociaciones
y otras importunidades
cortesanas,

y penas cotidianas                      2265
de escribir, y cosa tal,
y otras también no livianas
caseras que pueden mal
evitarse,
y que es forzado pasarse                2270
por posadas y caminos;
así que, pueden llamarse
cortesanos peregrinos,
que, acabado
el tiempo determinado                   2275
de la corte do estuvieron
se vuelven a lo pasado,
y al fin son los que antes fueron.
Y el honor,
aparato y resplandor                    2280
con que andan es figura
de algún representador,
con diversa vestidura
disfracada,
que después de la jornada               2285
es como una monería
que la máscara quitada.
Vuelve a ser lo que solía.
Uno vi
destos una vez que fui                  2290
a Venecia, y por mi fe,
que apenas lo conocí
cuando acaso le topé,
que había sido
donde fui su conocido,                  2295
muy solemne embajador,
y yo muy su favorido,
gran amigo y servidor;

mas venía
(¡ved quién lo conocería!)                    2300
a solas como virote,
sin más pompa y compañía,
que su loba y capirote;
de manera
que si no se me riyera,                       2305
y primero me hablara,
cierto no lo conociera,
y de largo me pasara.

## Capítulo VII

| Lucrecio | Señor Prudencio, dejados | |
|---|---|---|
| | esos aparte, si os place, | 2310 |
| | hablemos de los privados | |
| | y ricos, que es lo que hace | |
| | y se asienta | |
| | más al caso desta cuenta | |
| | y materia que tratamos, | 2315 |
| | y lo que agrada y contenta | |
| | a los que en ella miramos; | |
| | y aunque haya | |
| | ocasiones con que caya | |
| | alguna vez la privanza, | 2320 |
| | o que por ventura vaya | |
| | en peligro de mudanza | |
| | y revés, | |
| | en buen vulgar cordobés | |
| | se dice rico o pinjado, | 2325 |
| | porque al fin gran caso es | |
| | mandar y no ser mandado | |
| | y hablar, | |
| | contender y negociar | |
| | con reyes familiarmente, | 2330 |
| | con favor particular, | |
| | de los otros diferente; | |
| | ser honrado, | |
| | estimado y acatado, | |
| | de todos obedecido, | 2335 |
| | requerido y granjeado, | |
| | aposentado y servido | |
| | y alabado; | |
| | seguido y acompañado | |
| | de mil buenos a tropel, | 2340 |

de nadie necesitado,
estándolo todos dél;
con mil dones
y presentes a montones
que les dan sin los pedir,                    2345
según de vuestras razones
se puede bien colegir,

Prudencio            No pongáis
en esto que así tocáis,
Lucrecio, duda ninguna;                        2350
que mucho más que pensáis
suelo hacer la fortuna
y ventura
unas veces por natura,
otras por merecimiento;                        2350
pero las más por locura,
ocasión o acertamiento
temporal;
y cuando el favor real
a ser de veras acierta,                        2360
y se muestra liberal
con privanza descubierta,
verdadera,
o también cuando cualquiera
en los palacios reales                         2365
llega, de cualquier manera,
a cargos muy principales
y a mandar,
y comienza a tesorar
y a reponer en el arca,                        2370
no se puede numerar
lo que junta, lo que abarca,
lo que allega,

lo que se le da y entrega.
Lo que apaña y lo que traga,                    2375
y cuanto más se le pega,
tanto menos le empalaga,
ni le enfada;
porque sin costarle nada,
sobre lo mucho que tiene,                        2380
cuanto lo place y agrada
ello mismo se lo viene
de boleo;
no les pide su deseo
cosa, cuando en un instante                      2385
ya llega aprisa el correo
a ponérselo delante;
todos van
a pecharles y les dan
hasta henchir los almarios,                      2390
y aun los que lejos están
les son también tributarios
y pecheros;
príncipes y caballeros,
los unos les dan vajillas,                       2395
otros joyas y dineros,
y algunas veces las villas
y vasallos,
aforros, armas, caballos,
y otras cosas peregrinas                         2400
sin cuenta, que por ganallos
se les buscan muy continas
sin cesar;
y así no podéis pensar
lo que amontona un privado,                      2405
en quien todo va a parar,
como piedras a tablado.

Sin lo cual
el príncipe en especial
por tenelle y contentalle,                    2410
aunque no tenga un real,
nunca se cansa de dalle
y henchille
y dejalle y consentille
que lo tome de otro modo                       2415
porque no puedan decille
qu'el solo se lo da todo;
y ¡ay dolor!
Que se quita, qu'es peor,
a los pobres y menores                         2420
para darlo al qu'es señor;
a los ricos y señores,
a quien sobra,
para los cuales se cobra
los miserables lo enduran,                     2425
y con ser tal la tal obra
hay reyes que no se curan
mucho della
remedialla o defendella,
no sé por qué siendo mal,                      2430
sino por cumplir aquella
sentencia evangelical
donde está
«a quien tiene se dará
y al que no, que pobre fuere,                  2435
también se le quitará
aún lo poco que tuviere».
Con sudores
de pobres y labradores
muchos adquieren riquezas,                     2440
y para sus sucesores

mayorazgos y grandezas;
así que,
cuanto alegáis yo lo sé
«Y lo confieso, Lucrecio;                          2445
pero vos por vuestra fe,
no hagáis dello gran precio;
y pensad
no ser gran felicidad,
bien entendidas las leyes,                         2450
mucha familiaridad
con los príncipes y reyes;
ni el favor
que muestran al servidor,
porque no es de corazón                            2455
ni lo hacen por amor,
sino por ostentación
halaguera,
afeitada por defuera
por cualquier necesidad                            2460
engañosa o verdadera,
que mueve la voluntad
y opinión.
Pero, ya que la acepción
proceda de bien querer                             2465
y se funde en afición,
según suele acaecer,
la privanza,
la gracia, la confianza
y real benevolencia,                               2470
las menos veces se alcanza
por méritos ni por ciencia
ni bondad,
ni aun por grande habilidad,
sino por cierta ocasión,                           2475

por antojo o liviandad,
beldad y disposición;
que alcanzada,
cuanto más está encumbrada,
encarecida y honrosa,                                   2480
hasta el fin de jornada
siempre vive peligrosa
de caída
por holgar y estar tenida
a voluntad que no dura                                  2485
del hombre; que en esta vida
no hay prenda menos segura
ni durable,
más incierta y variable;
y así lo escriben autores,                              2490
no haber cosa más mudable
qu'el favor de los señores,
lisonjero,
y en un refrán extranjero
se compara en movimiento                                2495
al temporal de hebrero
y a las hojas con el viento;
de manera
que al que en señores espera
le cumple, siendo privado,                              2500
velar bien hasta que muera
por sustentar lo ganado.

Lucrecio            Todavía,
si yo pudiese, querría,
con todas esas tormentas                                2505
verme, señor, algún día
metido en esas afrentas
y cuidados;

porque, ya que los privados
abajen de lo que fueron,                          2510
siempre valen sus salvados
más de lo que antes tuvieron;
y a mi ver,
siendo ya fuerza caer,
muy mejor puede gozar                             2515
el que tiene que perder
que el que comienza a ganar
nuevamente;
y de mil partes de gente
no hay una que no escogiese,                      2520
por menor inconveniente,
el tener, si se pusiese
en elección.

Prudencio            No mováis esa quistión,
                     Lucrecio, que es odiosa,      2525
                     y toda comparación
                     suele ser escandalosa.
                     Claro está
                     qu'el que no tiene ni ha
                     otra hacienda ni abrigo,       2530
                     por tener se meterá
                     por puertas del enemigo.
                     Mas tornando
                     a lo que os iba contando
                     de las persona o privadas,     2535
                     y a lo que vais apuntando
                     de sus riquezas sobradas,
                     que aunque cayan
                     no por eso se desmayan.
                     No padeciendo pobreza,         2540
                     creed, Lucrecio, que aunque hayan

subido de gran bajeza
hasta el cielo,
cuanto más alto fue el vuelo,
si de aquel mando y favor                    2545
les falta después un pelo,
tanto más es su dolor
y pesar,
sin poderse aconhortar
con todo cuanto les queda,                    2550
aunque no sepan contar
las riquezas y moneda
que allegaron;
porque como se cegaron
con el poder que tuvieron,                     2555
no miran lo que ganaron,
sino aquello que perdieron,
que se acuerda;
mas, ya que nada se pierda
y les dure en la vejez                         2560
es forzado que le muerda
la conciencia alguna vez
si pecó;
porque vos no dudéis, no,
y sabed de cierta aciencia                     2565
que nadie se enriqueció
mucho con buena conciencia;
de do viene
aquel usado y solene
dicho, y no muy moderno,                       2570
qu'es beato aquel que tiene
a su padre en el infierno,
donde están
algunos que con su afán
gozan al fin sus parientes.                    2575

Pues los que decís que van
y son tanto de las gentes
estimados,
servidos y aún adorados,
también son los doloridos,                    2580
de muchos importunados
y en secreto aborrescidos,
y han de estar,
si se quieren conservar,
ojo alerto de contino                         2585
por no perder su lugar
ni apartarse del camino
del favor,
que con el rey o señor
suelen durar solamente                        2590
mientras el caro servidor
l'está delante presente
y le adora,
lisonjea y enamora,
haciendo, del ladrón fiel;                    2595
mas olvídase a la hora
que quita los ojos dél;
y apartado,
aunque haya sido privado
de los íntimos mayores,                       2600
presto se halló trocado
por otros nuevos amores.
En presencia
regía con su prudencia
la corte aquende y allende                     2605
y en poco tiempo de ausencia,
cuando vuelve no la entiende,
ní aún la halla
cual solía gobernalla,

Sino con gran diferencia; 2610
de suerte que entra en batalla,
o al menos en competencia,
por tornar,
si ser puedo, a reparar,
lo que la ausencia ha dañado, 2615
y a residir y durar
más por fuerza que de grado
como preso;
y, por dios, que si con seso
se mira lo que esto toca, 2620
puestos ambos en un peso,
veréis que no tienen poca
semejanza,
porque la misma privanza
es cárcel de muchas penas, 2625
y las riquezas que alcanza
son los grillos y cadenas
que le tiran;
y bien que los que lo miran
de fuera no pueden vellas, 2630
hay privados que suspiran
dentro por verse sin ellas;
y a mi ver,
aunque van al parecer
altos, lozanos y bravos, 2635
ellos se pueden tener
gentilmente por esclavos,
y lo son;
y el turco tiene razón
en que al más especial hombre, 2640
bajá, de más condición,
llama esclavo por renombre
positivo.

Pues si yo, cuitado, vivo
sin libertad como el buey,                    2645
¿qué me da más ser cativo
del turco que de otro rey,
pues lo adoro?
Y si soy cativo moro
en cadenas como perro,                        2650
¿qué importa más ser de oro
la cadena que de hierro?
Que si queda
preso el pece do se enreda,
¿qué más honra se lo cata                      2655
por ser sus redes de seda
o el anzuelo ser de plata?
Pues juntar
bienes para los gozar,
cosa de cebones es,                            2660
que los dejan engordar
para comerlos después;
de los cuales
en los palacios reales
de grandes emperadores                         2665
no pocos ejemplos tales
nos cuentan los escritores
verdaderos,
de muy altos consejeros
y riquísimos privados,                         2670
que por solo sus dineros
han sido descabezados
y proscritos,
sin haber otros delitos;
de que aquí, Lucrecio, daros                   2675
puedo ejemplos infinitos,
muy auténticos y claros

con verdad;
mas, por ser prolijidad.
Dejo muchos que pasaron,                    2680
bástenos la autoridad
de dos solos que escotaron
el favor
cerca del emperador
Nero, tirano cosario:                       2685
Séneca, juez mayor,
y Pallante, secretario,
que sabida
su muerte no merecida,
ninguno habrá que no entienda               2690
haber perdido la vida
por tener mucha hacienda.
Veis aquí
lo que se me ofrece a mí
que de privados os cuente,                   2695
de los cuales muchos vi
ensalcados altamente,
y he sabido,
maguer que es favorecido,
ser estado congojoso,                        2700
entricado, entremetido,
y a las veces peligroso,
comparado
al qu'estaba convidado
asentado en rica silla,                      2705
proveído y abastado
de manjares y vajilla,
mas tenía
una espada que pendía
sobre él, de un hilo colgada                 2710
cuya punta le venía

en la cabeza asentada.

## Capítulo VIII

Lucrecio
Ya, señor Prudencio, quedo
en esa parte avisado
lo, que basta, pues no puedo                    2715
yo llegar a tal estado
de valer;
bien que a buscar de comer
me levanta mi motivo,
pero no para tener                              2720
pensamiento tan altivo
de llegar
en ningún tiempo a medrar
con reyes tan adelante,
que tenga que me guardar                        2725
de peligro semejante
de caída.
Y iojalá que la subida
estuviese ya en mi mano,
que para esotra herida                          2730
nunca falta cirujano!
Y pues ya
de las otras cuatro está
platicado como quiera,
oyamos, si os placerá,                          2735
la quinta forma y manera
de sirvientes
en palacios residentes,
a quien mayor culpa distes
y de los inconvenientes                         2740
que al principio proposistes
de venir.

Prudencio
Lo mismo torno a decir,

señor Lucrecio, aun agora,
que de muchos que a servir                    2745
van a corte cada hora
a montones,
por diversas ocasiones
y por causas especiales
de diversas profesiones,                      2750
de que las aulas reales
andan llenas
hay unos que pasan penas
y molestias en gran copia,
y andan por casas ajenas                      2755
pudiendo estar en la propia
sin pasión;
mas, como los hombres son
no todos de una natura
voluntad y condición,                         2760
ni menos de una ventura
si porfían,
ni quieren, cuando podrían,
ser de las cortes excentos,
ni pueden, cuando querrían                     2765
por muchos impedimentos
que se ofrecen;
de suerte que permanecen
entre quieren y no quieren
hasta que allí se envejecen,                   2770
y aun no pocas veces mueren
mal su grado;
y de los de tal estado
que por vicio y por virtud
halla en palacio burlado,                      2775
hallaréis gran multitud,
y mil gentes

inclinadas y obedientes
al servicio y sujeción,
bien que sean diferentes                          2780
en estado y condición,
calidades,
costumbres y voluntades,
trajes y formas de vida,
deseos y habilidades                              2785
a quien la corte convida
a pesares;
los más dellos son seglares,
pero clérigos también,
y religiosos a pares                              2790
de aquella Jerusalén
cortesana;
los unos de propia gana,
otros por ser convidados,
y algunos que van por lana                        2795
y al fin salen trasquilados.
Hay doctores,
letrados, predicadores
y personas de conciencia,
maestros y profesores                             2800
de toda suerte de ciencia,
caballeros,
hay hidalgos y escuderos,
hombres de paz y de guerra,
y al fin, de todos numeros                        2805
y linajes de la tierra,
muy constantes
discípulos y estudiantes
de aquella devota escuela,
que andan allí vigilantes                         2810
en torno de la candela

del valer
por medrar y merecer,
para lo cual los más buenos
han, Lucrecio, menester                                    2815
Dios y ayuda por lo menos,
y otras ciencias,
que son odio, competencias
y envidia con los iguales,
lisonjas y reverencias                                     2820
para con los principales
y privados,
con quien los más estirados,
pretendiendo algún favor,
cumple ser muy bien criados,                               2825
y con el rey o señor
mucho más.
Puestos los pies por compás,
los ojos vivos, alertos,
sin osar mirar atrás,                                      2830
y en pie siempre y descubiertos
con cuidado,
hablando muy atentado,
humilde, blando, sabroso,
todo dulce y requebrado,                                   2835
y sobre falso, amoroso;
estimando
en mucho de cuando en cuando
haber con el Rey audiencia,
y estarle como adorando                                    2840
por la tal benevolencia
y afición,
y con muy grande atención
a escucharle, y cuando acaba
aprobarle su razón                                         2845

y alabar lo qu'él alaba
aunque sea
por ventura cosa fea,
dándole luego color,
y caso que no lo crea                                    2850
tenerlo por lo mejor
necesario;
y si el Rey, por el contrario,
de alguno dijere mal,
mostrarse luego adversario                              2855
y enemigo capital
contra quien
el señor muestra desdén,
y ayudarle a que perezca
aunque sepa no ser bien                                 2860
y ningún mal le merezca;
y acaece
que uno a otro en fin empece
y lo mete la lanceta
por la ocasión que se ofrece                            2865
de echarle una lisonjeta,
y querer
mal hablando, complacer;
así que tiene lugar
el triste do mal hacer,                                 2870
pero no de aprovechar,
y dañando,
hace que, burla burlando,
de la mala relación,
al Rey, que le está, escuchando,                        2875
le queda mala impresión
permanente;
y aunque quiera el delincuente
remediarla, ya no puede,

porque no continuamente                    2880
el Príncipe le concede
sus oídos.
Guárdeos Dios de los ladridos
de los ocultos testigos,
do muchos son ofendidos                    2885
y aun de sus mismos amigos.
Fuera desto,
el andar siempre de presto
y aprisa por los señores
no es poco duro y molesto                   2890
a los pobres servidores;
ser forzado,
aunque más estéis cansado,
de ir y venir por oficio
a palacio apresurado,                       2895
por no faltar al servicio,
muy ligero,
y de andar al retortero
de la sala a la capilla,
tras las voces del portero                  2900
y al son de la campanilla;
de manera
que ni dentro ni defuera
de corte ni en la posada
se puede tener, ni espera                   2905
hora jamás descansada
con sosiego,
sin despecho y sin reniego,
de camino deseoso,
de cosa que venga luego                     2910
a estorbarle su reposo.

Lucrecio          Bien lo creo,

señor Prudencio, y deseo
huir deso que decís;
mas paréceme que veo 2915
esos de quien referís
tantas penas,
cargados de ropas buenas,
joyas, aforros preciados,
y de gentiles cadenas 2920
y collares adornados,
que es señal
de hacienda y de caudal
y bienes en abundancia;
y así, no puede haber mal 2925
donde bulle la ganancia
con honor.
Y también miro, señor,
que a la noble gente tal
a quien abriga el calor 2930
de la vivienda real,
los estiman,
les ensalcan y subliman
por ganallos y tenellos,
y se les pegan y arriman, 2935
y se favorecen dellos,
por ganar
por su medio y mejorar
con el Príncipe presente,
de do le suele quedar 2940
en deuda perpetuamente;
y he notado
que me parece un estado
de calidad gloriosa
ser el hombre así rogado 2945
para tan honrada cosa.

| Prudencio | Tal es ella, | |
| | Lucrecio, si el conocella | |
| | las gentes causa no fuese | |
| | de menosprecio y querella | 2950 |
| | cuando falta el interese | |
| | o esperanza; | |
| | que a la hora que se alcanza | |
| | o viene en conocimiento | |
| | ser el favor o privanza | 2955 |
| | desos, a las veces, viento, | |
| | y en oliendo, | |
| | o con el tiempo sabiendo | |
| | que bien no podéis hacelles, | |
| | luego os va desconociendo | 2960 |
| | más de cuanto podéis selles | |
| | provechoso; | |
| | porqu'es ley y uso vicioso | |
| | de las cortes, do procede | |
| | querer mal al poderoso | 2965 |
| | y mofar al que no puede. | |
| | Bien sentís, | |
| | Lucrecio, desto que oís, | |
| | que los más andan vendidos | |
| | pues esotro que decís | 2970 |
| | de las ropas y vestidos | |
| | y cadenas, | |
| | que a las veces son ajenas, | |
| | es una vana locura | |
| | de que van las cortes llenas, | 2975 |
| | y lo nota la Escritura, | |
| | si he mirado, | |
| | diciendo el testo sagrado | |
| | donde habla de san juan: | |

«Los que visten delicado                2980
en cas de reyes están.»
Y no son
de más grado y condición
por ello, a mi parecer,
porque aquella ostentación             2985
una burla suele ser
muy hermosa;
que, aunque a la vista es graciosa,
muchos dellos hallaréis
que no tienen otra cosa                2990
más de aquello que les veis
sobre sí:
muchos de los cuales vi
andar arrastrando seda
y brocado y carmesí,                   2995
sin saber qué era moneda
ni doblón;
cargados de presunción,
ir con su rico collar
a comer a un bodegón                   3000
y a dormir en un pajar.
Ni creáis
que los oros que miráis
en algunos cortesanos
sean, como vos pensáis,               3005
ganados allí a sus manos,
ni que crecen
todos los que se engrandecen
por su vida, orden ni ley,
ni que todos se enriquecen            3010
los qu'andan cerca del Rey;
que muy dura
es la ganancia, y oscura,

de los que en cortes afanan,
y muchos por su ventura 3015
pierden allí más que ganan;
que por ir,
como suelen, a cumplir
con sus honras a la rasa,
yendo ricos a servir, 3020
vuelven pobres a su casa
y gastados,
porque, sin otros cuidados
que reyes suelen tener,
siempre están necesitados 3025
de otros y han menester
valedores,
y los pobres servidores
sacan dellos poco cumo;
de suerte que los sudores 3030
se les convierten en humo;
si no fueren
los que tienen más que quieren
por venturas especiales,
o los que a cargo tuvieren 3035
oficios interesales,
como ya
os he dicho, y así va,
que a los otros desdichados
solo el sueldo se les da, 3040
y aun de aquel no son pagados
sin ruido;
que acaece estar comido
y el cortesano empeñado,
y no haber dél recibido 3045
en dos años un ducado,
trabajando

en este medio y sudando
por caminos y carreras,
hacienda y cuerpo gastando        3050
de mil suertes y maneras;
y sabido
lo que d'ello ha merecido,
y lo que se espera d'ello,
es el hombre andar molido,        3055
y el Príncipe no sabello.
Y es gran mal,
siendo el servicio leal,
y qu'el señor le reciba,
el galardón no ser tal,        3060
y navegar agua arriba
sin favor;
pero aun suele ser peor,
que habiendo algunos servido
gentilmente a su señor,        3065
y hecho lo qu' era debido,
en nonada,
por algo que no le agrada
o por cualquier sospechuela
es la gracia rematada,        3070
y apagada la candela.
Pues que os diga,
y hasta el cabo prosiga
otros duelos no livianos
de congoja y de fatiga        3075
que pasan los cortesanos;
novedades,
mudanzas, dificultades,
de asiento o de camino,
trabajos, necesidades,        3080
y otros que de contino

se padecen,
y especial los que se ofrecen
al partir de algún lugar,
y se juntan y recrecen,         3085
sería nunca acabar;
porqu'es vida
sin reparo y dolorida.
Si no, ved si es harta plaga
en víspera de partida         3090
no haber memoria de paga,
y cuidados
infinitos y pesados
de cosas que hay que hacer
para estar aparejados,         3095
según los qu'es menester,
pues partidos,
aun los mismos favoridos
no carecen de dolores
y contiendas y ruidos         3100
con los aposentadores,
trabajando,
padeciendo y tolerando
la misma vida inquieta,
y por fuerza madrugando         3105
a la voz de la trompeta
que los llama,
y a las horas que más ama
reposo la voluntad,
y que d'estar en la cama         3110
tienen gran necesidad.
Caminando
el noble Rey Don Fernando
con esa reina Germana
de Toledo, no sé cuándo,         3115

para Córdoba la llana,
de pasada
vi la corte aposentada
toda y sus caballerizas
en una aldea cuitada         3120
de siete casas pajizas,
y llovía,
qu'el cielo se deshacía,
sobre la Reina y las damas,
y por otra parte ardía         3125
todo el campo en vivas llamas.
Unos daban
voces porque se quemaban
como si fueran herejes,
y por otra parte andaban         3130
nadando los almofrejes;
y venían
no pocos que no tenían
mejor posada qu'el buey,
y por fuerza se metían         3135
en la cámara del Rey
en manada,
la ropa toda mojada
dentro y fuera del lugar,
que aun al fin de la jornada         3140
tuvimos bien qu'enjugar
y escurrir.
De aquí, Lucrecio, inferir
podéis, poco más o menos,
lo qu' es menester sufrir         3145
en palacio muchos buenos;
por lo cual
dije y digo qu'esto tal,
los que pueden excusallo,

|            |                                  |      |
|------------|----------------------------------|------|
|            | es de tenérselo a mal            | 3150 |
|            | el sufrillo y lacerallo.         |      |
|            |                                  |      |
| Lucrecio   | Semejantes ocasiones             |      |
|            | de palacio y su vivienda,        |      |
|            | y trabajos y pasiones            |      |
|            | que manan de su contienda        | 3155 |
|            | y porfía,                        |      |
|            | bien creo que cada día           |      |
|            | son ordinarios allí;             |      |
|            | mas esto no bastaría             |      |
|            | a ponerme espanto a mí,          | 3160 |
|            | ni dejar,                        |      |
|            | por ello de ejecutar             |      |
|            | el propósito tomado,             |      |
|            | si en lo que toca al medrar      |      |
|            | no fuese tan estirado,           | 3165 |
|            | ni los dones,                    |      |
|            | mercedes y galardones            |      |
|            | con tanto pleito y coxijo        |      |
|            | como de vuestras razones,        |      |
|            | señor Prudencio, colijo;         | 3170 |
|            | que sufrir                       |      |
|            | trabajos por bien servir         |      |
|            | y servir por merecer,            |      |
|            | y merecer por servir,            |      |
|            | dulce cosa es, a mi ver,         | 3175 |
|            | de prestado,                     |      |
|            | porque, el trabajo pasado.       |      |
|            | Quedará después lugar            |      |
|            | para gozar lo ganado             |      |
|            | y tornarse a retirar.            | 3180 |
|            |                                  |      |
| Prudencio  | ¿Qué sabéis,                     |      |

Lucrecio, si lo podréis
hacer como lo pensáis,
y si de corte saldréis
si una vez en ella entráis                    3185
a probar
lo que sabe su manjar?
Porque, según su natura,
no os podréis aconhortar
ni tolerar por ventura                        3190
buenamente
con paciencia suficiente
las molestias enojosas
que allí hay, y mayormente
viendo ser infructuosas.                      3195
Y si os prende,
muda y enlabia, y enciende
y trastroca el pensamiento,
no podéis libraros dende
ni dejar su seguimiento,                       3200
según hace
con muchos a quien aplace,
como circe, a gente mucha,
que la fuerza a que se enlace
después que una vez le escucha.               3205

Lucrecio          Ya yo sé,
por lo qu'entendido he
hoy de vuestra relación,
que carecer no podré
de fatigas y pasión                           3210
si una vez
se me pegare la pez
de palacio o su pesebre;
mas quien quiere comer nuez

es menester que la quiebre,                              3215
aunque dura;
pero desa otra locura
de prendar mi voluntad,
la cosa está muy segura.
Porque es mi libertad                                    3220
muy preciada.

Prudencio          Eso de la nuez me agrada
que lo hagáis por despedida;
la cual, después de quebrada,
suele hallarse podrida,                                  3225
hecha heces;
y las verdaderas nueces
son las costumbres humanas,
qu'en palacio muchas veces
peligran y salen vanas                                   3230
y viciosas,
y aun las de sí virtuosas,
con algunas ocasiones
estraga el uso de cosas
y malas conversaciones;                                  3235
de do vino
aquel proverbio latino,
que corrumpunt bonos mores
colloquia prava, y contino
se mudan con los honores.                                3240
Su consorte
es otro antiguo deporte,
que dice y habla con vos,
que se aparte de la corte
quien quiere estar bien con Dios,                        3245
porque allí
cumple, según aprendí,

el que quiere sacar fruto
tener alas de neblí
y ser doblado y astuto,                    3250
lisonjero,
disimulado y artero,
mostrando doblada cara,
porque no vale un dinero
la verdad desnuda y clara,                 3255
fiel y pura,
sino usar de la natura
de Proteo, que podía
transfigurar su figura
en todas cuantas quería;                   3260
y fingir
sin gana a veces reír,
sin gana a veces llorar,
por agradar y servir,
complacer y granjear                       3265
los privados,
y después de granjeados,
cuando ya pensáis tenellos
con servicios obligados,
tenéis poca parte en ellos.                3270
Nadie osa
sin su ayuda peligrosa
pedir un maravedí;
daisle aviso de una cosa,
y tómala para sí,                          3275
sin cuidado
de vos, que les habéis dado
el aviso, y sin conciencia,
sobre haberos desollado,
quieren gracia y obediencia               3280
con franqueza;

de suerte que su grandeza
de provechos es desnuda
para otros. Es simpleza
en sus palabras y ayuda                                  3285
confiaros,
porqu'en lugar de ayudaros,
si no interviene lo hecho,
suelo más veces dañaros
que no haceros provecho.                                 3290

Lucrecio          Ya que sea
la gente d'esa ralea,
sin amor, sin caridad,
y qu'en ellos no se ves
señal cierta de amistad,                                 3295
es de creer
que debe siempre haber
otros de otra condición,
en quien se pueda tener
confianza y devoción                                     3300
y alegría;
y así, entiendo cada día
haber muchos cortesanos
en muy dulce compañía,
andar juntos como hermanos                               3305
y parientes,
y parando en ello mientes
y pasándolo d'espacio,
creo haber muy eccelentes
amistades en palacio                                     3310
por abrigo;
y así, hablando conmigo,
pienso hallar y tener
en la corte algún amigo

|  | de quien me favorecer. | 3315 |

| Prudencio | Vos podéis, | |
| | será cierto, que hallaréis | |
| | no solo, Lucrecio, alguno, | |
| | mas ciento si los queréis, | |
| | pero cual cumple, ninguno; | 3320 |
| | a manadas, | |
| | de fuera y en sus posadas, | |
| | hallaréis mil de contino, | |
| | amigos de bonetadas | |
| | sálveos Dios, taca de vino, | 3325 |
| | con malicia, | |
| | porque do reina codicia | |
| | es fingida la afición; | |
| | la regla de la amicicia, | |
| | que compuso Cicerón, | 3330 |
| | falta y yerra; | |
| | que amigo de buena guerra. | |
| | Leal, seguro y secreto, | |
| | es ave rara en la tierra, | |
| | semejante a cisne prieto. | 3335 |
| | Mas notad | |
| | no haber, Lucrecio, amistad | |
| | en ninguna profesión | |
| | de menos sinceridad | |
| | que los de la corte son; | 3340 |
| | que notados | |
| | uno a uno los estados, | |
| | haciendo dellos testigos, | |
| | aun entre bravos soldados | |
| | suele haber fieles amigos; | 3345 |
| | mas acá | |
| | en corte, apenas habrá | |

una amistad verdadera,
porque comúnmente va
interesal, lisonjera                                    3350
y fundada
en otras cosas de nada,
liviandades y placeres;
y en esto es diferenciada
de la de los mercaderes                                 3355
solamente,
que son rica, honrada gente,
si también no pospusiese
al amigo y al pariente
y a cualquier otro interese,                            3360
por ganar.
Así que, podéis pensar,
por estas razones llanas,
haber poco que esperar
de amistades cortesanas                                 3365
ni afición
de sola conversación;
que aunque acierta en calidades,
nunca hay confederación
de conjuntas voluntades                                 3370
con verdad,
porque allí la enemistad
es natural y vecina,
y la amiga caridad
extranjera y peregrina;                                 3375
y lo bueno
es, que andado todo lleno
de finezas y malicias,
se os meterán en el seno
muchos haciendo caricias                                3380
amorosas

con palabras engañosas
y fingiendo ofrecimiento
por daros a entender cosas
que no tiene en pensamiento,                    3385
y las calla
hasta que camino halla,
si en hablar no sois discreto,
de descoseros la malla
y sacar algún secreto;                          3390
y sacado,
vos pensad que le habéis dado
cuchillo con que os degüelle,
y después de degollado,
aun os abra y os desuelle;                      3395
mayormente
si del hacello se siente
algún provecho cercano,
no será más negligente
en ganaros por la mano,                         3400
y escondella
después de haberos con ella
tirado la piedra y hecho
todo el daño, estorbo y mella
que puede en vuestro derecho                    3405
y partido.
Cosas han acaecido
a mí mismo en esta parte,
en que no poco ofendido
me sentí de cruel arte                          3410
por aquellos
de quien, fiándome dellos,
pensaba ser ayudado,
y me hallé por creellos
prevenido y salteado.                           3415

Es locura
y prenda poco segura
la amistad en confusión
de corte, porque no dura
más de cuanto la ocasión; 3420
que si fueron
amistades que nacieron
por interese, aunque aplacen,
como, por él se hicieron,
por él mismo se deshacen 3425
y se quitan;
que los que las solicitan,
aquellos las desbaratan,
y los que más se visitan
son los que peor se tratan, 3430
y el primor
de hablarse con amor
son armas con que se hieren,
que a veces los que mejor
se hablan, peor se quieren. 3435

Lucrecio      Bien está,
señor Prudencio, que ya
entiendo bien esa cosa;
y pues con amigos va
en corte tan achacosa, 3440
no querellos
ni perder tiempo tras ellos
será la cuenta derecha,
y así, no pienso con ellos
tener amistad estrecha, 3445
sino ir
determinado a servir
al señor que Dios me diere,

hasta medrar o morir
lo mejor que yo pudiere,                           3450
y tener
confianza de valer
por solo mi buen servicio,
sin de nadie pretender
socorro ni beneficio,                              3455
que haya allí.

Prudencio     Hacedlo, Lucrecio, así;
que al fin la pena es más leve
cuando el hombre está de sí
satisfecho, como debe;                             3460
y aunqu'en vano,
yendo por camino llano,
el galardón le suceda,
él se paga de su mano
con la virtud qu'en él queda;                      3465
mas querría
avisaros todavía,
como a quien soy obligado,
que vais tras vuestra porfía
algo menos confiado;                               3470
que más quiero,
sea rey o caballero
o cualquier otro señor,
de quien pretendo y espero
premio, merced o favor,                            3475
sola una
libra y onza de fortuna
para ser hombre de cuenta,
que de otra virtud alguna
ni de méritos cincuenta;                           3480
porque, dado

que el servir vaya ordenado
de diligencia y cordura,
todo al fin es excusado
cuando no tercia ventura.　　　　　　　　3485
Demás desto,
yo, sobrino, os amonesto,
antes de ir esta jornada,
que miréis en aquel testo
de la Escritura Sagrada,　　　　　　　　3490
que guardar
nos manda y desconfiar
de los príncipes humanos,
pues salud, y gloria dar
no está en ellos ni en sus manos;　　　　3495
y el sentido
d'este testo referido
es, que los reyes no dan
a todos por lo servido
igual precio del afán　　　　　　　　　3500
y bondad,
ni miran la voluntad
con qu'el servicio fue hecho,
ni obra necesidad,
sino solo su provecho.　　　　　　　　3505
¿Qué pensáis,
Lucrecio, si, como vais
a medrar y ser honrado,
adolecéis y os halláis
sin escudo ni ducado,　　　　　　　　　3510
o si yendo
en el servir procediendo,
sucede guerra o motivo,
de vuestro deber haciendo,
fuerdes por dicha cautivo,　　　　　　　3515

quién será
el que allí socorrerá
para vuestra enfermedad,
o el rescate pagará
para vuestra libertad?                          3520

Lucrecio       Pienso yo
qu'el señor no olvida, no,
siendo la causa tan suya.
Al que por él padeció,
para que se restituya                           3525
con honor;
porque, como al servidor
toca ser constante y fiel,
así conviene al señor
no ser ingrato con él.                          3530

Prudencio      Con razón,
mas tras esa devoción
no os metáis en tales leyes;
que muchos vi de prisión
olvidados por sus reyes,                        3535
que cumplidos
los servicios, y partidos
del ojo los servidores,
y los muertos y huidos,
presto son de los señores                       3540
olvidados,
y pocas veces pagados
sin grandes dificultades,
porque tienen mil cuidados
y cien mil necesidades                          3545
que cumplir.
Pues la causa de el ir

a palacio el que allí va
es ambición de subir
donde por subir está. 3550
¡Qué simpleza
es prometerse riqueza
donde tantos la desean
y con tanta sotileza
la procuran y granjean, 3555
y tener
animo de pretender
oficios, cargos, honores
donde tantos ha de haber
hambrientos competidores, 3560
y pensar
de conseguir y alcanzar
potencias, mandos y rentas
en parte que han de costar
tanto peligro y afrentas! 3565

Lucrecio      Todas son
gran verdad en conclusión,
señor Prudencio, esas cosas;
mas cualquiera profesión
tiene trechas trabajosas 3570
bien notadas,
y todas examinadas,
las de palacio, a mi ver,
serán las menos pesadas
y más dignas d'escoger 3575
y seguir.
Y bien que contradecir
no puedo a vuestra sentencia,
todavía querría ir
a verlas por experiencia; 3580

salvo si
ya de todo punto aquí
dais por cosa averiguada
no me convenir a mí
proseguir esta jornada.                    3585

Prudencio          Yo no quiero,
                   por esto que aquí profiero
                   estorbar vuestro deseño,
                   aunque sé ser verdadero
                   Lucrecio, lo que os enseño;    3590
                   que ya sé,
                   porque yo también pequé,
                   que aun en las cosas muy buenas
                   no se da a las veces fe
                   a relaciones ajenas             3595
                   sin probarse
                   y en presencia examinarse,
                   porque hay pocos o ninguno
                   que quieran desengañarse
                   por consejo de otro alguno,     3600
                   y es vedado
                   en cosas así de estado
                   y elección de nueva vida
                   dar consejo averiguado
                   a ninguno, aunque lo pida.      3605
                   Mas yo os digo
                   como no falso testigo,
                   si mi voto se tomase,
                   que ni a pariente ni amigo
                   yo nunca le aconsejase           3610
                   emplear
                   con codicia de medrar
                   en palacio su servicio

mientras pudiere ocupar
su tiempo en otro ejercicio                3615
menos duro,
donde sea más seguro
el bien, y con más reposo,
y el galardón más seguro
y el gozar menos dudoso,                    3620
sin dolor;
y donde, siendo menor
por dicha la utilidad,
el gozo será mayor
mediante la libertad;                       3625
que no alcanza
igual bienaventuranza
hombre en esta vida humana
con todo el bien y privanza
de la vida cortesana,                       3630
que por ser
muy sujeta a padecer
desta tan preciosa prenda,
se debería posponer
a cualquiera otra vivienda,                 3635
y pensar
que habiendo campos de arar
y molinos de moler
huertas, viñas que labrar.
Y do sembrar y coger,                       3640
y pudiendo
pasar la vida leyendo,
en estudiar o escribir,
en yerro irla perdiendo
en la corte por servir;                     3645
y gastalla
o rompella o cautivalla

en lo mejor de la edad
entre la chusma y canalla
es desvarío y vanidad,                    3650
hinchazón,
necedad y presunción,
y soberbias y locuras,
agonías y ambición,
y otras tales desventuras;                3655
cosas vanas,
altaneras y profanas,
y muchas lisonjerías
que las gentes cortesanas
platican noches y días,                   3660
muy ufanos,
y entre mancebos livianos
y caballeros gloriosos,
galancetes y lozanos,
estirados y orgullosos,                   3665
que vagando
por las calles cabalgando,
a las veces dan y prueban
ser más bestias, bien mirando,
que las mismas que los llevan;            3670
y otros tales,
hombres vanos, mundanales,
y pueblo de poco vaso,
que de virtudes morales
se hace muy poco caso;                    3675
de manera
que pasada la carrera
de la corte y su costumbre,
cuando al cabo salís fuera
de la loca servidumbre                    3680
por partido,

|            | veis que habéis envejecido |      |
|------------|----------------------------|------|
|            | entre injurias y querellas, |      |
|            | y que habiéndolas sufrido, |      |
|            | aun distes gracias por ellas. | 3685 |
|            |                            |      |
| Lucrecio   | Evidente                   |      |
|            | cosa es que comúnmente     |      |
|            | el mundo va d'este modo,   |      |
|            | y do hay copia de gente    |      |
|            | es fuerza lo haya de todo; | 3690 |
|            | mas también               |      |
|            | entiendo hallarse quien    |      |
|            | en vejez y juventud,       |      |
|            | sin engaño ni desdén,      |      |
|            | use en corte de virtud     | 3695 |
|            | con los buenos,            |      |
|            | y se hallan por lo menos   |      |
|            | no pocos, a lo que siento, |      |
|            | que aun a los pobres y ajenos |   |
|            | hacen buen acogimiento,    | 3700 |
|            | honra y fiesta,            |      |
|            | y sin llorar lo que cuesta, |     |
|            | reparten de lo que tienen, |      |
|            | teniendo la mesa puesta    |      |
|            | a cuantos entran y vienen, | 3705 |
|            | muy sin pena.              |      |
|            |                            |      |
| Prudencio  | Cierto, Lucrecio, muy buena |     |
|            | es esa costumbre tal;      |      |
|            | pero vos de tabla ajena    |      |
|            | no hagáis mucho caudal     | 3710 |
|            | ni reparo,                 |      |
|            | ni del socorro y amparo    |      |
|            | de mesas de caballeros,    |      |

quo suelen costar más caro
que comprados por dineros.                          3715
Y es el cuento
qu'en el uso y seguimiento
dése tal pan de dolor,
ni suele quedar contento
quien lo como ni el señor                           3720
que lo da,
el cual ha d'estar y está,
sin haber por qué, obligado
a cada necio que va,
a tenelle aparejado                                 3725
de comer;
y el donaire suele ser
que d'aquellos que a tragar
van, por dos que dan placer,
doce suelen enfadar                                 3730
al patrón,
porque la conversación
de todos no es de una suerte;
que unos dan recreación,
y otros son la misma muerte,                        3735
de pesados;
y a veces los convidados
faltan cuando los querrían,
y cuando están descuidados
acuden más que debrían.                             3740
Y el que viene,
si el dicho señor no tiene
muy a punto la comida,
también es fuerza que pene
esperando su venida,                                3745
tras la cual,
como cosa principal,

se pierde lo más del día;
que sería menos mal
pasalla en una hostería      3750
o mesón.
Pues si veis la confusión
de la corte, veréis luego
qu'el mar, con su alteración,      3755
no tiene menos sosiego.
Distraído
anda siempre allí el sentido,
el ánimo cuidadoso
en mil partes repartido,
en ninguna con reposo.      3760
Toda cosa,
aunque parezca sabrosa
y próspera en lo presente,
en palacio es trabajosa,
de descanso careciente.      3765
No hay lugar
ni tiempo tan sin pesar,
tan libre, tan reservado,
do quien sirva pueda estar
sin mella de algún cuidado.      3770
Aun comiendo,
cenando, y aun durmiendo,
por respeto de servir,
se ha de estar siempre diciendo
que aún hay algo que cumplir;      3775
de manera
que do quiera y como quiera,
la más dulce servitud
desasosiega y altera
y es causa de inquietud      3780
y amargura;

y el que descanso procura
en corte, no piense habello;
que mientras el servicio dura
es imposible tenello;                                    3785
ni lo espere
quien tras reyes anduviere,
porqu'ellos mismos aquí,
mientras otro mundo no hubiere,
no lo tienen para sí.                                    3790
Pues pensad
que faltando libertad
al que sirve y a su dueño,
cualquiera prosperidad
debe tenerse por sueño                                   3795
y se olvida,
pues la libertad perdida
y el trabajo, aunque se acierte,
anda en cuenta con la vida,
y el descanso con la muerte.                             3800

Lucrecio       No creyera,
señor Prudencio, que hubiera
en la vivienda de corte
tantos duelos, ni que fuera
tan sin placer y deporte,                                3805
como entiendo
de lo que mostráis diciendo;
que al otro lo dijera,
menos crédito, teniendo
que vos, yo no lo creyera,                               3810
sin proballo;
pero, como veo y hallo
ir tantos aquel camino,
no fácilmente a dejallo

me persuado ni me inclino. 3815

Prudencio    Vos podréis
hacer lo que bien veréis,
si de vuestra condición
por ventura conocéis
tan grande moderación 3820
y templanza,
qu'en parte que no se alcanza
descanso podéis pensar,
y do falta la esperanza,
tan caro suele costar; 3825
porque son
de diversa inclinación
los hombres, y do se emplean;
unos reciben pasión
con lo que otros se recrean; 3830
y así, hay tales
que tienen por bien los males,
y otros por malo lo bueno,
según veis que hay animales
que su deleite es el cieno, 3835
agua, lodo.
En fin, por aquí va todo;
que de todos es bienquisto
el apetito beodo,
y yo me acuerdo haber visto 3840
más de tres,
aherrojados los pies,
deleitarse en la galera;
pero gran ventaja es
mirarlos de talanquera 3845
cómo van
con su miseria y afán

**134**

muy contentos de engañados,
y pocas veces están
en un lugar reposados,                    3850
porque andando
tras reyes devaneando
en vivienda peregrina,
cada día enfardelando,
porque siempre se camina                  3855
sin reposo,
y el que dél es deseoso
y quieto de natura,
ved si le será sabroso
no tener parte segura                      3860
de aposento;
pero ya qu'esté de asiento
la corte en algún lugar,
tampoco estará contento
el que piensa descansar,                   3865
porque luego
desaparece el sosiego,
silencio y tranquilidad,
y suceden en el juego
estruendos por la ciudad                   3870
y clamores
tras los aposentadores,
barahúndas, turbaciones,
alborotos y rumores,
voces, gritos y quistiones                 3875
y ruidos,
alharacas y alaridos,
y otras molestias y penas
y bullicios desabridos,
de qu'andan las placas llenas             3880
y encontrones

por las calles y cantones,
qu' no podéis excusallo,
embaracos y empujones,
y aun pernadas de caballo,                        3885
noche y día,
y en lugar de policía,
entre músicas y fiestas,
desvergüenza y osadía,
juegos y otras deshonestas                        3890
alegrías,
banquetes, borracherías,
amores, disoluciones,
tráfagos y burlerías
y pecados a montones,                             3895
muy sin cuenta,
que do la corte frecuenta
suelen hacer residencia,
porqu'el vicio se aposenta
con muy bastante licencia                         3900
a placer.
Y si más queréis saber
del cortesano ejercicio,
sabed qu'el aborrecer
es el principal oficio,                           3905
hazañar,
meter mal y blasfemar,
holgar, burlar y mentir,
revolver y trafagar,
murmurar y maldecir                               3910
muy frecuente;
por do queda al qu'esto siente,
viendo el tiempo malgastarse,
decir dél más propiamente
perderse que no emplearse,                        3915

pues se va
tras solo lo que les da
a entender la voluntad,
y apenas hay hombre allá
sin secreta enemistad;   3920
y es de ver,
a quien lo sabe entender
y desto tiene noticia,
publicarse el bien querer
y encubrirse la malicia,   3925
componiendo
alegre rostro, temiendo,
con los ojos halagando,
con la boca bendiciendo
y con el alma tirando   3930
saetadas
crueles, enherboladas,
deseando verse allí,
las cabezas derribadas,
uno a otro cabe sí   3935
con rencor;
mas mirad otro primor,
que al principio aun habrá alguno
que os muestre y tenga amor,
y andando el tiempo, ninguno,   3940
aunque deis
por ello cuanto tenéis.
Y lo hayáis bien merecido;
vos tampoco no ternéis
amor a nadie cumplido   3945
ni de veras;
que las artes y maneras
de corte, cuando se entienden,
van descubriendo manqueras

con que los hombres se ofenden           3950
y aborrecen;
y así, los que permanecen
en palacio luengamente
más estudian qu'enriquecen,
en huir de inconveniente                 3955
y mirar
de quién se deben guardar,
sabiendo haber enemigos
con quien han de conversar,
y que aquellos son testigos              3960
avisados
que andan dellos rodeados,
y qu'el tiempo y seso apenas
bastan para estar guardados
de las maldades ajenas;                  3965
pues verdad,
verdadera caridad,
en pocos vi que cupiese,
salvo con necesidad
o con polvo de interese;                 3970
de lo cual
la causa más esencial
es la falta de virtud:
pero también sale el mal
de sobra de ingratitud,                  3975
que buscada,
será do quiera hallada;
pero la corte, a mi ver,
es la más cierta posada
que se le puede saber;                   3980
do veréis
no pocos a quien habréis
hecho servicios sin cuento,

en quien después hallaréis
muy poco agradecimiento                          3985
o ninguno.
Ya diría yo de alguno,
y aun de muchos que allí vi.
Especialmente de uno
a quien fielmente serví                           3990
y ayudé,
mas yo lo que dél saqué
al cabo de la jornada
fue malquerencia sin fe
y enemistad de callada.                           3995

Lucrecio            Siendo eso
verdad, según del proceso
de vuestra relación siento,
yo conozco y lo confieso,
ser necio mi pensamiento,                         4000
mayormente,
pues se usa y se consiente
que ingratitud prevalezca,
que no hay vicio entre la gente
al que más Dios aborrezca,                        4005
ni pecado
claramente castigado
en el Viejo Testamento
con más rigor y cuidado
que desagradecimiento.                            4010

Prudencio           Con razón.
Pues demás desa pasión
del estilo, orden y trato
de la corte, hay un montón
de otras cosas buen barato,                       4015

do quien vive
es causa que se cative
en ellas muy a la clara,
como en sus Cartas lo escribe
Fray Antonio de Guevara;   4020
que a su cuenta
son ocho que andan en venta
en corte, do se platican,
y sin empacho y afrenta
se pregonan y predican   025
por verdades
mentiras y falsedades.
Nuevas vanas y fingidas,
engañosas amistades
hombres y hembras perdidas,   4030
y muy finas
envidias allí continas
y malicias redobladas,
palabras locas malinas
y esperanzas engañadas;   4035
y con estas
andan también muy compuestas
otras dolencias y males;
unas pesadas, molestas
y más espirituales   4040
y perfetas,
iras, cizañas secretas,
odios, bandos, competencias,
que enclavan como saetas
las almas y las conciencias   4045
y sentidos,
con que muchos doloridos
traen los bazos hinchados
y los livianos podridos

|   |   |   |
|---|---|---|
| | y los hígados dañados. | 4050 |
| Lucrecio | Tantas cosas me decís, | |
| | señor Prudencio, por ciertas, | |
| | que no solo me rendís | |
| | a meterme por las puertas | |
| | del creer | 4055 |
| | pero para aborrecer | |
| | toda vida cortesana, | |
| | y serle, sin la saber, | |
| | como a religión profana, | |
| | enemigo | 4060 |
| Prudencio | Pues creedme por testigo, | |
| | Lucrecio, sin duda alguna; | |
| | que todo cuanto aquí digo | |
| | no es de treinta partes una | |
| | de los males | 4065 |
| | continuos y generales | |
| | que a cada paso se ofrecen, | |
| | y trabajos desiguales | |
| | que en la corte se padecen | |
| | con dolor: | 4070 |
| | la cual sin duda es mejor | |
| | para de lejos oilla | |
| | por vía de relator, | |
| | que para vella y seguilla | |
| | ni gustalla, | 4075 |
| | y sin entrar en batalla. | |
| | Saber lo que pasa en ella, | |
| | que para experimentalla | |
| | con engaños y querella; | |
| | en la cual | 4080 |
| | el que no tiene caudal | |

ni favor, está obligado;
y el que vale, es por lo tal
perseguido y odiado,
sin poder                                                    4085
excusallo, y viene a ser
que ni el pobre mantenerse
ni alcanzar para comer,
ni el rico puede valerse,
con tormentos                                                4090
que les dan los pensamientos;
y así, viven afligidos,
y son pocos los contentos
y muchos los aborridos
con pasión,                                                  4095
y es la causa la ambición
con que todos van a dar
a enderecar su intención
de privanzas y medrar;
y así es                                                     4100
que muchos mueven los pies
por ganar de cualquier modo,
y al fin uno o dos o tres
lo vienen a mandar todo
en montón;                                                   4105
por do digo en conclusión
que la corte y sus cuidados
no es buena de condición
sino para los privados
favoridos,                                                   4110
que con los bracos tendidos
recogen los frutos della,
y mancebos atordidos
que no saben entendella,
ni entendida,                                                4115

saben tomalle medida
ni tiento en ninguna cosa.
Es verdad, pues, que la vida
de palacio es muy sabrosa,
descansada,                                     120
apacible y concertada,
teniendo della noticia,
para que, siendo gastada,
nos pongan mucha codicia
sus extremos,                                   4125
sino que allí padecemos
hambre, sed, cansancio y frío,
y duelos más que podemos,
del invierno y del estío,
y pobrezas,                                     4130
pesadumbres y gravezas,
odios y persecuciones,
disfavores y tristezas,
enojos y tentaciones,
y otros tales                                   4135
inconvenientes y males
que sin fin contar podría,
de que las cortes reales
andan llenas todavía;                           4140
mas notad
que muchos, a la verdad,
sufren miseria importuna
so color de libertad,
no teniendo allí ninguna
conocida,                                       4145
y porque no hay quien les pida
cuenta de la vida ociosa,
ocupada y consumida
en holganza trabajosa,

de do mana 4150
otra costumbre muy vana,
que es darse a conversaciones
livianas, do no se gana
sino inútiles pasiones
muy pesadas 4155
y aficiones excusadas
para mayor perdimiento,
por accidentes tomadas,
y fundadas en el viento.

Lucrecio    Desa suerte, 4160
peor que la misma muerte
es la vida cortesana,
pues al cabo se convierte
en una locura vana;
y sería 4165
aun más locura la mía
si lo que antes que os oyese,
como ignorante, quería,
a sabiendas lo hiciese,
sin estar 4170
muy seguro de ganar;
y tengo por dicha buena
el poder escarmentar
con tiempo en cabeza ajena;
bien que veo 4175
cosas que pido el deseo,
no yendo por otras vías
sin grandísimo rodeo,
cómo vengan a ser mías.

Prudencio    Mucho importa 4180
al hombre, si se aconhorta

de con poco contentarse,
porqu'en esta vida corta
no puede todo gozarse
a la larga;                                    4185
antes a veces la carga
de bienes es desabrida,
y se siente más amarga
al tiempo de la partida.

Lucrecio          Pues, ¿por qué                            4190
                  con tanto cuidado y fe
                  buscan los hombres riquezas?

Prudencio         Por Dios, Lucrecio, no sé,
                  sino por una simpleza
                  de gozar                                 4195
                  en este mundo, y dejar
                  a los hijos, cuando mueren,
                  por lo cual suelen llegar
                  a no saber lo que quieren,               4200
                  y sufrir
                  trabajos hasta morir
                  tras los reyes y señores,
                  por alcanzar con servir
                  su mercedes y favores,
                  señoríos                                 205
                  y bienes con que baldíos
                  sus hijos tomen placer.

Lucrecio          Yo por dejar a los míos
                  no querría padecer
                  un mal día;                              4210
                  mas por propia causa mía,
                  y mejorar mi partido,

cualquier afán tomaría
por ser del Rey bien querido
y privado.                                                    4215

Prudencio        Ya os he dicho ser estado,
por una parte pomposo,
rico, soberbio y honrado,
y por otra peligroso;
por lo cual                                                    4220
yo para mí en especial
no querría, antes me temo
qu'el Rey me quisiese mal,
pero ni bien en extremo;
porque amor                                                    4225
es muy grave engañador,
y así lo son, so sus leyes,
las privanzas y favor
de los príncipes y reyes;
y el saber                                                     4230
es, pudiendo no los ver,
honrarlos sin conocellos,
y teniendo de comer,
no tener parte con ellos;
porque al precio                                               4235
qué lo dan, pensad ser necio
el que mucho lo porfía,
y si me creéis, Lucrecio,
buscando por otra vía
cual quisierdes,                                               4240
que siendo los años verdes,
podéis hallarlo d'espacio;
y huid mientras pudierdes
de la prisión de palacio.

| Lucrecio | Así espero | 4245 |
| | hacerlo, señor; mas quiero | |
| | avisar qu'esta consulta | |
| | quedo, cuanto a lo primero, | |
| | entre nosotros oculta | |
| | solos dos, | 4250 |
| | y el tercero será Dios, | |
| | por que la gente no entienda | |
| | el mal que me decía vos | |
| | de la corte y su vivienda, | |
| | ni doquiera | 4255 |
| | sepan la triste manera | |
| | del proceder y vivir; | |
| | que no habrá después quien quiera | |
| | ir a palacio a servir | |
| | de su grado, | 4260 |
| | y vos quedaréis culpado | |
| | de los príncipes por ello. | |
| | | |
| Prudencio | Careced dese cuidado, | |
| | que, no hay por qué tenello, | |
| | ni pensar | 4265 |
| | que mientras durare el mar | |
| | los peces han de ser pocos, | |
| | ni en tierra podrá faltar | |
| | copia de necios y locos, | |
| | de opinión, | 4270 |
| | que con codicia y pasión | |
| | se van tras el apetito; | |
| | de que, según salomón, | |
| | es el número infinito, | |
| | que por ver, | 4275 |
| | y por probar y saber, | |
| | buscan la corte de veras, | |

en quien pueden escoger
los príncipes como en peras.

Lucrecio     Pues así        4280
es, y no me cumple a mí
la tal profesión de vida,
según habéis dicho aquí,
y yo la tengo entendida,
como veis,          4285
suplicóos, señor, miréis
por otra que más convenga,
y cerca d'ella me déis
buen consejo a que me atenga.

Prudencio     A la llana      4290
harélo de buena gana,
Lucrecio, por complaceros;
volveréis acá mañana,
y habré de satisfaceros.

## Libros a la carta

A la carta es un servicio especializado para

empresas,

librerías,

bibliotecas,

editoriales

y centros de enseñanza;

y permite confeccionar libros que, por su formato y concepción, sirven a los propósitos más específicos de estas instituciones.

Las empresas nos encargan ediciones personalizadas para marketing editorial o para regalos institucionales. Y los interesados solicitan, a título personal, ediciones antiguas, o no disponibles en el mercado; y las acompañan con notas y comentarios críticos.

Las ediciones tienen como apoyo un libro de estilo con todo tipo de referencias sobre los criterios de tratamiento tipográfico aplicados a nuestros libros que puede ser consultado en Linkgua-ediciones.com.

Linkgua edita por encargo diferentes versiones de una misma obra con distintos tratamientos ortotipográficos (actualizaciones de carácter divulgativo de un clásico, o versiones estrictamente fieles a la edición original de referencia).

Este servicio de ediciones a la carta le permitirá, si usted se dedica a la enseñanza, tener una forma de hacer pública su interpretación de un texto y, sobre una versión digitalizada «base», usted podrá introducir interpretaciones del texto fuente. Es un tópico que los profesores denuncien en clase los desmanes de una edición, o vayan comentando errores de interpretación de un texto y esta es una solución útil a esa necesidad del mundo académico.

Asimismo publicamos de manera sistemática, en un mismo catálogo, tesis doctorales y actas de congresos académicos, que son distribuidas a través de nuestra Web.

El servicio de «Libros a la carta» funciona de dos formas.

1. Tenemos un fondo de libros digitalizados que usted puede personalizar en tiradas de al menos cinco ejemplares. Estas personalizaciones pueden ser de todo tipo: añadir notas de clase para uso de un grupo de estudiantes,

introducir logos corporativos para uso con fines de marketing empresarial, etc. etc.

2. Buscamos libros descatalogados de otras editoriales y los reeditamos en tiradas cortas a petición de un cliente.